BESTACTIVITYBOOKS.COM

PREMIERE ÉDITION

Dépôt légal, 2022

Illustration Graphique Extra: www.freepik.com
Merci à Alekksall, Starline, Pch.vector, Rawpixel.com, Vectorpocket, Dgim-studio, Upklyak, Macrovector, Stockgiu, Pikisuperstar & Freepik.com Designers

5 ASTUCES POUR DÉMARRER !

1) COMMENT RÉSOUDRE LES MOTS MÊLÉS

Les puzzles sont dans un format classique :

- Les mots sont cachés sans espaces, tirets, ...
- Orientation : Les mots peuvent être écrits en avant, en arrière, vers le haut, vers le bas ou en diagonale (ils peuvent être inversés).
- Les mots peuvent se chevaucher ou se croiser.

2) UN APPRENTISSAGE ACTIF

Un espace est prévu à côté de chaque mots pour noter la traduction. Pour favoriser un apprentissage actif un **DICTIONNAIRE** à la fin de cette édition vous permettra de vérifier et étendre vos connaissances. Cherchez et notez les traductions, trouvez-les dans le Puzzle et ajoutez-les à votre vocabulaire !

3) MARQUEZ LES MOTS

Vous pouvez inventer votre propre système de marquage. Peut-être en utilisez-vous déjà un ? Sinon, vous pourriez, par exemple, marquer les mots qui ont été difficiles à trouver d'une croix, ceux que vous avez aimés d'une étoile, les mots nouveaux d'un triangle, les mots rares d'un diamant, etc...

4) STRUCTUREZ VOTRE APPRENTISSAGE

Cette édition vous offre un **CARNET DE NOTES** très pratique à la fin du livre. En vacances ou en voyage ou à la maison, vous pouvez facilement organiser vos nouvelles connaissances sans avoir besoin d'un second bloc-notes !

5) VOUS AVEZ FINI TOUTES LES GRILLES ?

Allez à la section bonus **CHALLENGE FINAL** pour trouver un jeu gratuit à la fin de cette édition !

Simple et Rapide ! Découvrez notre collection de livres d'activités pour votre prochain moment de détente et **d'apprentissage**, à juste un clic de distance !

Trouvez votre prochain défi sur :

BestActivityBooks.com/MonProchainLivre

À vos marques, prêts... Partez !

Saviez-vous qu'il existe environ 7 000 langues différentes dans le monde ? Les mots sont précieux.

Nous aimons les langues et avons travaillé dur pour créer les livres de la plus haute qualité pour vous. Nos ingrédients ?

Une sélection des thématiques d'apprentissage adaptée, trois belles parts de divertissement, puis nous ajoutons une cuillère de mots difficiles et une pincée de mots rares. Nous les servons avec soin et un maximum de plaisir pour vous permettre de résoudre les meilleurs jeux de mots mêlés qui soient et d'apprendre en vous amusant !

Votre avis est essentiel. Vous pouvez participer activement au succès de ce livre en nous laissant un commentaire. Nous aimerions vraiment savoir ce que vous avez préféré dans cette édition !

Voici un lien rapide qui vous mènera à la page d'évaluation de vos commandes :

BestBooksActivity.com/Avis50

Merci pour votre aide et amusez-vous bien !

De la part de toute l'équipe

1 - Adjectifs #2

O	X	S	W	Y	O	G	I	L	R	U	T	A	N	K
E	B	V	P	Y	Z	D	N	Ä	K	R	A	T	S	W
N	K	S	I	T	N	E	T	U	A	C	R	E	H	B
P	G	L	P	L	D	P	R	R	G	C	D	D	H	R
T	H	F	N	Z	D	B	E	F	I	C	E	N	P	Y
U	C	A	S	K	A	K	S	I	R	F	S	A	L	T
B	E	G	Å	V	A	D	S	N	A	N	U	V	J	P
E	L	E	G	A	N	T	A	H	V	M	C	I	K	R
E	K	R	P	C	D	F	N	E	S	D	J	R	F	O
K	R	E	A	T	I	V	T	X	N	C	D	K	A	D
K	R	A	F	T	F	U	L	L	A	L	L	S	E	U
D	R	A	M	A	T	I	S	K	O	C	P	E	G	K
F	O	G	M	Z	M	K	Y	J	O	T	W	B	U	T
E	T	D	V	N	X	C	M	W	B	B	S	L	C	I
H	G	B	O	Y	X	P	I	T	M	A	R	E	N	V

AUTENTISK
KÄND
KREATIV
BESKRIVANDE
BEGÅVAD
DRAMATISK
ELEGANT
STOLT
STARK
INTRESSANT
NATURLIG
NY
PRODUKTIV
KRAFTFULL
REN
ANSVARIG
FRISKA
SALT
VILD
TORR

2 - Formes

B	U	K	P	G	J	R	S	P	A	S	R	C	C	S
N	H	U	O	U	M	D	I	Y	K	F	M	N	I	L
E	T	R	L	A	V	O	D	R	A	Ä	X	Z	R	N
L	R	V	Y	S	U	P	A	A	N	R	M	E	K	T
H	E	A	G	T	O	R	G	M	T	V	Z	X	E	R
N	G	G	O	A	B	L	Z	I	E	F	O	Y	L	I
N	Å	R	N	N	F	A	V	D	R	I	R	V	H	A
A	B	B	R	A	D	A	M	X	E	U	Y	R	I	N
B	C	O	Ö	N	T	G	L	R	E	M	U	E	F	G
G	A	R	H	L	V	K	H	H	P	L	A	D	X	E
D	L	E	X	A	I	W	E	I	R	C	L	N	M	L
P	B	U	R	T	B	N	L	R	I	K	V	I	T	L
W	V	N	B	X	F	S	J	K	S	O	A	L	P	E
H	Y	P	E	R	B	E	L	E	M	N	P	Y	D	S
U	U	N	C	C	Y	U	E	O	A	C	V	C	P	I

BÅGE
KANTER
TORG
CIRKEL
HÖRN
KURVA
KON
SIDA
KUB
CYLINDER
ELLIPS
HYPERBEL
LINJE
OVAL
POLYGON
PRISMA
PYRAMID
REKTANGEL
SFÄR
TRIANGEL

3 - Force et Gravité

E	R	E	T	E	N	A	L	P	R	R	N	E	F	C
F	R	V	K	R	A	S	M	F	Ö	E	M	V	F	E
F	F	B	I	E	Y	X	F	E	R	X	E	Z	R	N
E	W	C	V	P	S	C	E	D	E	P	K	E	I	T
K	M	D	D	A	E	T	K	L	L	A	A	Z	K	R
T	A	W	Z	K	I	S	Y	F	S	N	N	D	T	U
K	G	C	G	S	H	J	M	K	E	S	I	N	I	M
T	N	D	Y	N	A	M	I	S	K	I	K	Å	O	D
K	E	N	L	E	S	W	X	R	Z	O	L	T	N	I
G	T	E	H	G	I	T	S	A	H	N	H	S	C	A
I	I	L	L	E	S	R	E	V	I	N	U	V	T	R
O	S	O	M	L	O	P	P	S	B	A	N	A	I	A
Z	M	U	P	P	T	Ä	C	K	T	Y	V	T	D	B
R	E	D	K	V	L	X	G	S	I	G	Z	Y	Y	Z
E	B	T	C	R	O	S	R	O	E	M	K	W	C	T

AXEL
CENTRUM
UPPTÄCKT
AVSTÅND
DYNAMISK
EXPANSION
FRIKTION
EFFEKT
MAGNETISM
MEKANIK

RÖRELSE
OMLOPPSBANA
FYSIK
PLANETER
VIKT
TRYCK
EGENSKAPER
TID
UNIVERSELL
HASTIGHET

4 - Adjectifs #1

A	Ä	K	O	N	S	T	N	Ä	R	L	I	G	L	A
E	R	R	T	U	N	N	A	K	T	I	V	I	Å	T
I	X	O	L	M	L	W	I	X	O	P	H	D	N	T
U	N	O	M	I	C	K	N	K	S	E	M	E	G	R
M	R	R	T	A	G	C	Y	T	K	R	G	N	S	A
X	P	S	G	I	T	K	I	V	Y	F	Z	T	A	K
B	F	X	N	O	S	I	V	N	L	E	R	I	M	T
G	X	C	P	N	U	K	S	O	D	K	R	S	M	I
A	M	B	I	T	I	Ö	S	K	I	T	U	K	O	V
D	H	P	R	U	K	F	Ö	X	G	P	N	S	D	I
S	D	T	J	L	R	M	R	O	N	E	G	K	E	C
T	U	N	G	O	W	K	E	A	G	C	L	Ö	R	G
S	T	L	Z	S	F	G	N	K	T	T	R	N	N	T
L	X	N	W	B	T	Y	E	T	J	H	C	V	L	M
J	W	F	M	A	C	P	G	N	D	U	I	Y	C	U

ABSOLUT
AKTIV
AMBITIÖS
AROMATISK
KONSTNÄRLIG
ATTRAKTIV
SKÖN
EXOTISK
ENORM
GENERÖS
ÄRLIG
IDENTISK
VIKTIG
OSKYLDIG
UNG
LÅNGSAM
TUNG
TUNN
MODERN
PERFEKT

5 - Instruments de Musique

P	C	Y	L	D	O	D	S	G	I	U	I	T	M	K
F	I	T	R	U	M	P	E	T	O	J	C	A	U	L
A	S	A	P	R	A	H	M	Y	M	N	X	M	N	A
G	L	C	N	T	R	U	M	M	A	M	G	B	S	R
O	A	E	O	O	J	N	A	B	M	F	G	U	P	I
T	G	L	B	V	B	U	R	A	M	F	Y	R	E	N
T	V	L	M	L	W	J	I	U	A	E	R	I	L	E
O	E	O	O	K	S	V	V	D	R	V	P	N	E	T
H	R	O	R	V	D	L	F	M	I	R	W	X	P	T
B	K	B	T	M	F	A	I	D	M	T	A	V	H	V
F	Y	O	I	K	A	Y	O	A	B	U	I	T	C	M
I	I	E	T	E	U	H	L	M	A	M	H	W	I	S
M	A	N	D	O	L	I	N	O	F	O	X	A	S	G
F	L	Ö	J	T	B	T	N	R	D	F	R	E	W	N
B	A	Y	C	E	I	H	C	H	U	I	J	S	E	D

BANJO
FAGOTT
KLARINETT
FLÖJT
GONG
GITARR
MUNSPEL
HARPA
OBOE
MANDOLIN
MARIMBA
SLAGVERK
PIANO
SAXOFON
TRUMMA
TAMBURIN
TROMBON
TRUMPET
FIOL
CELLO

6 - Herboristerie

S	A	F	F	R	A	N	Ö	R	G	J	E	R	B	K
I	K	U	Y	R	C	F	O	K	D	X	E	G	L	U
D	N	B	A	S	I	L	I	K	A	V	D	B	O	L
R	L	G	P	X	Z	P	J	T	B	I	N	O	M	I
A	K	C	R	L	E	J	O	I	S	M	A	K	M	N
G	T	O	F	E	T	K	F	M	E	Y	R	Z	A	A
O	D	L	M	K	D	S	I	J	S	D	Ö	X	H	R
N	G	A	T	E	T	I	L	A	V	K	G	H	C	I
D	D	U	W	D	M	T	E	N	M	J	L	F	U	S
F	Ä	N	K	Å	L	A	T	N	Y	M	Ä	K	X	K
A	W	O	C	M	D	M	H	O	S	G	V	M	C	A
B	D	D	C	V	J	O	R	O	S	M	A	R	I	N
E	V	C	H	D	D	R	Å	G	D	Ä	R	T	C	O
M	E	J	R	A	M	A	J	L	I	S	R	E	P	I
L	A	V	E	N	D	E	L	V	I	T	L	Ö	K	T

VITLÖK
AROMATISK
BASILIKA
VÄLGÖRANDE
KULINARISK
DRAGON
FÄNKÅL
BLOMMA
INGREDIENS
TRÄDGÅRD
LAVENDEL
MEJRAM
MYNTA
PERSILJA
KVALITET
ROSMARIN
SAFFRAN
SMAK
TIMJAN
GRÖN

7 - Véhicules

Y	A	F	O	D	T	B	J	M	O	T	O	R	L	I
L	M	L	E	K	Y	C	A	A	Z	Å	J	O	V	X
Z	B	Y	S	K	O	T	E	R	G	B	K	T	U	A
F	U	G	J	H	F	B	E	S	S	U	B	K	F	N
U	L	P	H	U	S	V	A	G	N	U	R	A	Ä	A
S	A	L	H	U	N	S	K	E	A	M	N	R	R	B
V	N	A	Y	E	T	T	O	L	F	S	W	T	J	L
S	S	N	W	Z	L	L	C	I	V	R	T	W	A	E
H	K	A	K	W	X	I	H	B	I	N	A	N	V	N
U	Y	Y	Y	Z	E	B	K	S	X	L	G	K	Y	N
D	H	V	T	D	D	T	C	O	V	C	F	J	E	U
Ä	S	P	D	T	I	S	U	M	P	G	H	U	D	T
C	T	Z	X	F	E	A	I	S	M	T	W	F	O	Å
K	N	T	F	J	E	L	R	P	R	D	E	J	L	B
C	H	F	U	X	T	A	X	I	M	O	K	R	L	O

AMBULANS
FLYGPLAN
BÅT
BUSS
LASTBIL
HUSVAGN
FÄRJA
RAKET
HELIKOPTER
TUNNELBANA

MOTOR
SKYTTEL
DÄCK
FLOTTE
SKOTER
UBÅT
TAXI
TRAKTOR
CYKEL
BIL

8 - Camping

B	T	Y	K	H	Ä	N	G	M	A	T	T	A	R	K
Z	F	K	A	T	R	A	K	R	C	R	Y	Z	E	O
Y	U	X	N	I	V	G	E	E	W	D	V	H	P	M
P	G	F	O	L	T	N	S	T	U	G	A	S	V	P
H	F	N	T	G	X	E	D	B	R	T	W	I	U	A
C	M	H	I	W	R	L	E	J	F	H	K	H	U	S
X	K	F	T	N	Y	D	S	X	U	H	S	A	M	S
F	S	L	P	Z	T	I	W	T	B	R	K	T	Å	M
S	N	Y	P	H	N	S	N	Z	V	L	O	T	N	T
J	R	K	K	N	E	J	U	S	E	B	G	H	E	I
Ö	A	T	V	K	V	S	G	R	E	B	T	Ä	L	T
B	I	A	Y	H	Ä	J	A	K	T	K	U	A	V	U
H	L	E	X	I	F	V	F	X	R	U	T	A	N	I
S	X	I	J	S	D	J	X	L	U	I	G	M	O	Y
H	W	V	H	U	L	Z	W	U	S	O	X	H	S	F

DJUR
ÄVENTYR
KOMPASS
STUGA
KANOT
KARTA
HATT
JAKT
REP
UTRUSTNING
ELD
SKOG
HÄNGMATTA
INSEKT
SJÖ
LYKTA
MÅNE
BERG
NATUR
TÄLT

9 - Écologie

Z	K	G	K	G	V	U	J	B	I	T	J	S	G	H
M	Å	N	G	F	A	L	D	G	N	Ä	M	T	G	Å
F	P	A	L	G	R	Ö	J	L	I	M	S	V	I	L
R	R	Ä	K	G	O	X	D	S	K	Z	W	S	L	L
I	V	X	F	D	L	B	K	A	S	L	K	A	R	B
V	Z	Ä	C	O	F	I	F	F	W	V	L	M	U	A
I	L	C	X	T	O	R	K	A	K	Y	I	H	T	R
L	E	L	I	T	R	A	A	V	F	X	M	Ä	A	Y
L	D	A	N	V	E	L	R	E	V	Ö	A	L	N	X
I	E	G	I	A	G	R	R	N	I	R	T	L	M	V
G	M	V	R	W	T	K	I	F	Y	H	U	E	S	X
A	R	A	A	N	A	T	U	R	A	U	R	N	L	C
D	I	E	M	M	X	X	R	Z	X	U	I	V	V	F
D	O	N	B	A	V	M	U	W	M	W	N	X	H	E
V	E	G	E	T	A	T	I	O	N	D	P	A	K	A

FRIVILLIGA
KLIMAT
SAMHÄLLEN
MÅNGFALD
HÅLLBAR
ART
FAUNA
FLORA
LIVSMILJÖ
KÄRR
MARIN
BERG
NATUR
NATURLIG
VÄXTER
MEDEL
TORKA
ÖVERLEVNAD
MÄNGD
VEGETATION

10 - Géométrie

V	E	R	T	I	K	A	L	V	F	J	C	W	X	P
S	I	F	F	R	A	G	B	T	L	P	S	Y	J	A
I	W	T	E	O	R	I	R	T	E	M	M	Y	S	R
M	U	B	D	J	Ö	H	R	L	K	B	D	S	X	A
Z	A	E	D	I	W	L	E	G	N	A	I	R	T	L
S	T	S	V	B	M	T	D	D	I	V	I	D	N	L
B	Y	B	S	Z	E	E	H	J	V	R	K	I	E	E
A	U	Y	C	A	X	R	N	T	W	U	R	A	M	L
C	I	R	K	E	L	F	Ä	S	Y	K	C	M	G	L
S	L	U	C	Y	S	O	O	K	I	A	R	E	E	Y
U	D	A	U	L	O	G	I	K	N	O	A	T	S	J
K	R	K	P	E	Z	G	F	X	F	I	N	E	P	W
U	E	K	P	D	B	Z	D	Y	B	X	N	R	O	T
I	J	J	S	N	O	I	T	A	V	K	E	G	I	A
N	C	A	N	A	I	D	E	M	T	E	G	V	U	Z

VINKEL
BERÄKNING
CIRKEL
KURVA
DIAMETER
DIMENSION
EKVATION
HÖJD
LOGIK
MASSA

MEDIAN
SIFFRA
PARALLELL
ANDEL
SEGMENT
YTA
SYMMETRI
TEORI
TRIANGEL
VERTIKAL

11 - Les Médias

O	F	F	E	N	T	L	I	G	F	X	J	V	T	T
L	A	J	T	V	J	L	I	A	F	O	I	F	Z	J
B	O	H	E	K	K	E	N	N	D	A	T	K	A	F
U	I	O	A	J	M	I	O	T	D	G	K	O	K	I
T	D	L	L	K	B	S	I	I	N	U	I	W	N	B
B	A	A	D	R	A	R	T	D	D	J	S	K	W	M
I	R	K	D	E	H	E	A	N	F	W	Å	T	U	S
L	E	O	I	D	R	M	K	I	S	N	G	N	R	O
D	N	L	G	Y	N	M	I	N	A	Ä	N	R	F	I
N	S	G	I	T	A	O	N	G	U	T	W	X	B	K
I	K	H	T	I	N	K	U	A	A	V	Å	G	T	U
N	I	L	A	T	K	L	M	R	F	E	R	S	G	A
G	L	R	L	T	E	J	M	S	Y	R	O	V	V	B
W	D	B	P	A	C	K	O	P	Y	K	N	M	A	B
I	N	T	E	L	L	E	K	T	U	E	L	L	J	V

ATTITYDER
KOMMERSIELL
KOMMUNIKATION
UTGÅVA
UTBILDNING
FAKTA
BILDER
ENSKILD
INDUSTRI
INTELLEKTUELL
TIDNINGAR
LOKAL
DIGITAL
ÅSIKT
FOTON
OFFENTLIG
RADIO
NÄTVERK
TV

12 - Philanthropie

W	X	R	T	G	G	R	A	Y	D	F	H	T	R	G
N	K	S	A	L	R	E	T	K	A	T	N	O	K	E
E	R	N	B	O	U	V	X	X	M	T	Ä	U	V	N
T	E	A	Y	B	P	Ö	L	H	F	Z	R	P	G	E
E	U	N	B	A	P	H	S	P	O	S	L	P	E	R
H	L	I	F	L	E	E	L	N	D	U	I	D	M	O
G	R	F	V	P	R	B	V	C	W	Y	G	R	E	S
I	U	N	G	D	O	M	A	J	V	P	H	A	N	I
L	P	R	O	G	R	A	M	I	G	C	E	G	S	T
K	Å	O	U	J	L	T	L	T	R	M	T	P	K	E
S	U	M	M	Ä	N	N	I	S	K	O	R	V	A	T
N	U	T	M	A	N	I	N	G	A	R	T	E	P	P
Ä	V	Ä	L	G	Ö	R	E	N	H	E	T	S	V	X
M	E	D	E	L	Y	G	X	G	L	I	A	G	I	T
J	W	W	O	F	F	E	N	T	L	I	G	Z	O	H

BEHÖVER
MÅL
VÄLGÖRENHET
GEMENSKAP
KONTAKTER
UTMANINGAR
BARN
FINANS
MEDEL
MÄNNISKOR
GENEROSITET
GLOBAL
GRUPPER
HISTORIA
ÄRLIGHET
MÄNSKLIGHETEN
UNGDOM
UPPDRAG
PROGRAM
OFFENTLIG

13 - Diplomatie

G	K	B	R	A	V	X	R	G	V	D	O	H	W	F
E	W	A	Å	G	L	F	S	Z	G	I	H	U	A	Ö
M	K	S	D	N	Ä	L	T	U	O	S	F	M	P	R
E	I	I	G	I	O	M	S	D	F	K	K	A	P	D
N	T	V	I	N	Z	I	U	P	L	U	A	N	O	R
S	E	T	V	S	S	J	T	P	M	S	R	I	L	A
K	L	T	A	Ö	C	J	U	U	J	S	Ö	T	I	G
A	P	Ä	R	L	D	G	Y	L	L	I	D	Ä	T	K
P	K	R	E	S	N	R	W	B	G	O	A	R	I	O
M	E	D	B	O	R	G	A	R	E	N	S	F	K	N
A	M	B	A	S	S	A	D	Y	U	O	S	E	T	F
R	E	G	E	R	I	N	G	H	S	U	A	D	R	L
I	N	T	E	G	R	I	T	E	T	F	B	X	T	I
S	Ä	K	E	R	H	E	T	W	N	Y	M	M	C	K
D	I	P	L	O	M	A	T	I	S	K	A	C	V	T

AMBASSAD
AMBASSADÖR
MEDBORGARE
GEMENSKAP
KONFLIKT
RÅDGIVARE
DIPLOMATISK
DISKUSSION
ETIK
UTLÄNDSK
REGERING
HUMANITÄR
INTEGRITET
RÄTTVISA
POLITIK
RESOLUTION
SÄKERHET
LÖSNING
FÖRDRAG

14 - Électricité

E	E	T	R	Å	D	O	I	J	E	A	T	L	T	O
L	R	E	K	I	R	T	K	E	L	E	E	A	B	E
E	E	T	X	X	R	I	G	C	A	J	L	M	Z	K
K	S	I	E	S	O	Y	H	L	M	E	E	P	B	B
T	A	T	Y	N	T	V	G	C	B	O	F	A	B	L
R	L	N	L	A	G	R	I	N	G	S	O	K	J	S
I	C	A	E	N	S	A	U	W	Z	D	N	V	D	R
S	Z	V	B	T	L	R	M	J	G	Y	F	T	Z	O
K	K	K	A	G	P	G	L	Ö	D	L	A	M	P	A
T	R	O	K	U	F	O	V	O	B	J	E	K	T	L
N	E	G	A	T	I	V	S	R	O	L	W	A	P	U
E	V	A	V	T	H	B	J	I	R	E	T	T	A	B
A	T	T	I	C	G	N	I	N	T	S	U	R	T	U
Z	Ä	T	M	F	E	K	C	J	Z	I	Z	O	U	X
M	N	U	O	W	N	O	X	J	O	O	V	W	T	M

MAGNET
GLÖDLAMPA
BATTERI
KABEL
ELEKTRIKER
ELEKTRISK
UTRUSTNING
TRÅD
LAMPA
LASER
NEGATIV
OBJEKT
POSITIV
UTTAG
KVANTITET
NÄTVERK
LAGRING
TELEFON
TV

15 - Astronomie

A	J	N	D	N	G	S	T	Y	O	V	G	B	K	G
S	H	O	R	D	A	X	U	E	N	D	A	W	O	B
F	V	I	C	I	Y	E	S	P	S	H	L	J	S	M
A	S	T	R	O	N	A	U	T	E	V	A	O	M	U
A	P	A	O	R	M	J	I	E	S	R	X	R	O	I
S	L	L	E	E	U	V	E	W	L	X	N	D	S	R
T	A	L	T	T	S	O	L	R	E	N	L	O	Y	O
R	N	E	E	S	R	L	E	A	K	E	W	W	V	T
O	E	T	M	A	E	W	M	K	R	B	J	V	K	A
N	T	S	B	A	V	J	M	E	Ö	U	C	M	S	V
O	R	N	C	J	I	G	I	T	M	L	S	C	R	R
M	E	O	H	M	N	M	H	A	R	O	W	C	N	E
M	E	K	K	A	U	S	H	X	Ö	S	W	B	F	S
S	T	R	Å	L	N	I	N	G	F	A	G	T	X	B
D	A	G	J	Ä	M	N	I	N	G	M	Å	N	E	O

ASTEROID
ASTRONAUT
ASTRONOM
HIMMEL
KONSTELLATION
KOSMOS
FÖRMÖRKELSE
DAGJÄMNING
RAKET
GALAX
MÅNE
METEOR
NEBULOSA
OBSERVATORIUM
PLANET
STRÅLNING
SOL
SUPERNOVA
JORD
UNIVERSUM

16 - Physique

I	N	O	R	T	K	E	L	E	A	R	B	K	H	L
R	O	R	U	M	U	D	V	N	S	B	U	Ä	O	O
Y	I	B	S	A	O	X	T	U	Z	M	P	R	A	K
N	T	G	A	N	I	G	U	B	J	D	K	N	T	E
R	A	D	G	L	E	K	I	T	R	A	P	K	O	M
S	R	O	T	O	M	V	U	D	S	Z	E	R	M	I
M	E	K	A	N	I	K	K	A	O	S	B	A	M	S
T	L	Y	K	E	L	O	M	E	M	P	X	F	Z	K
T	E	T	I	S	N	E	D	X	R	O	T	T	M	F
C	C	S	S	L	B	I	I	G	X	F	L	I	A	O
N	C	R	E	L	A	T	I	V	I	T	E	T	S	R
R	A	V	L	L	A	B	X	I	O	P	C	M	S	M
M	A	G	N	E	T	I	S	M	Y	R	V	Z	A	E
X	U	N	I	V	E	R	S	E	L	L	I	F	E	L
H	A	S	T	I	G	H	E	T	K	A	S	V	D	A

ACCELERATION
ATOM
KAOS
KEMISK
DENSITET
ELEKTRON
FORMEL
FREKVENS
GAS
ALLVAR
MAGNETISM
MASSA
MEKANIK
MOLEKYL
MOTOR
KÄRNKRAFT
PARTIKEL
RELATIVITET
UNIVERSELL
HASTIGHET

17 - Types de Cheveux

R	N	J	S	K	A	L	L	I	G	G	C	T	V	A
S	U	J	L	K	I	B	B	B	F	R	V	O	F	U
T	Z	H	W	R	B	J	L	M	V	Å	L	S	K	W
J	V	Å	G	I	G	E	O	J	P	Y	W	G	Y	G
O	I	C	Z	L	F	N	N	U	T	R	A	V	S	P
C	L	O	C	K	A	R	D	K	I	B	W	I	I	O
K	S	T	W	F	R	I	S	K	A	M	U	Y	W	T
G	M	S	L	S	K	I	N	A	N	D	E	P	W	G
N	A	O	O	Å	G	J	C	D	A	T	Ä	L	F	I
B	M	J	J	L	N	N	X	C	Y	O	L	M	A	K
O	A	X	A	Z	U	G	A	Y	H	R	A	A	A	C
F	X	O	C	S	R	K	F	U	D	R	B	Z	B	O
G	H	X	P	M	B	Y	O	F	Ä	R	G	A	D	L
Z	F	T	O	W	D	S	W	R	E	V	L	I	S	D
A	U	O	D	E	C	B	C	T	T	X	X	I	M	L

SILVER
VIT
BLOND
LOCKAR
SKINANDE
SKALLIG
FÄRGAD
KORT
MJUK
TJOCK
LOCKIGT
GRÅ
LÅNG
BRUN
TUNN
SVART
VÅGIG
FRISKA
TORR
FLÄTAD

18 - Archéologie

E	G	Z	T	C	D	K	P	B	R	F	I	B	U	M
M	H	R	W	L	G	T	R	E	P	X	E	E	T	Y
C	K	M	U	X	U	M	O	K	M	D	Z	N	V	S
E	I	X	H	U	D	M	F	B	A	W	T	P	Ä	T
R	L	V	F	S	T	K	E	J	B	O	E	U	R	E
A	E	K	I	Y	Y	P	S	R	C	O	R	K	D	R
K	R	U	Y	L	G	I	S	K	E	W	A	E	E	I
S	N	L	X	A	I	U	O	Z	E	N	F	S	R	U
R	P	E	B	N	S	S	R	Y	Z	R	P	R	I	M
O	C	D	K	A	P	M	A	E	T	F	A	A	N	F
F	O	S	S	I	L	C	Y	T	H	N	A	M	G	C
O	K	Ä	N	D	T	E	J	M	I	K	G	P	I	S
T	E	M	P	E	L	N	D	Ö	K	O	A	V	I	K
Ä	T	T	L	I	N	G	A	L	V	W	N	A	C	J
E	O	D	P	R	S	D	P	G	G	R	A	V	T	H

ANALYS
ANTIKEN
FORSKARE
CIVILISATION
ÄTTLING
EXPERT
ERA
TEAM
UTVÄRDERING
FOSSIL
OKÄND
MYSTERIUM
OBJEKT
BEN
GLÖMT
KERAMIK
PROFESSOR
RELIK
TEMPEL
GRAV

19 - Mammifères

F	I	E	D	M	C	E	M	S	U	R	G	H	I	R
R	T	L	R	Ä	V	H	J	E	C	T	I	Ä	G	M
X	Y	E	Y	X	T	J	V	L	K	T	R	S	X	L
F	S	F	A	P	A	E	C	A	A	J	A	T	A	L
K	C	A	R	B	E	Z	B	F	T	W	F	G	J	C
X	L	N	I	F	L	E	D	J	T	V	F	O	M	G
R	U	T	I	J	E	L	G	V	Ö	H	T	Z	J	F
P	R	Ä	R	I	E	V	A	R	G	R	A	V	H	U
Y	U	Y	C	J	N	I	N	A	K	R	N	C	G	N
A	G	C	T	G	O	R	I	L	L	A	Z	H	T	U
X	N	D	I	R	J	V	A	L	M	D	E	V	T	R
R	Ä	A	G	P	E	M	X	I	Z	P	Y	P	J	Y
Z	K	N	E	W	L	G	R	M	H	U	N	D	U	K
F	Å	R	R	W	T	T	H	C	V	P	P	F	R	S
H	G	K	M	F	G	G	E	N	V	G	M	G	B	P

VAL
KATT
HÄST
HUND
PRÄRIEVARG
DELFIN
ELEFANT
GIRAFF
GORILLA
KÄNGURU
KANIN
LEJON
VARG
FÅR
BJÖRN
RÄV
APA
TJUR
TIGER
ZEBRA

20 - Mathématiques

E	T	F	L	L	S	B	O	Z	E	N	V	V	G	V
Z	X	O	V	H	U	R	A	D	I	E	O	I	P	I
T	M	P	R	T	M	V	Y	E	J	H	L	N	O	N
R	C	X	O	G	M	N	E	G	F	J	Y	K	L	K
I	L	E	G	N	A	T	K	E	R	G	M	E	Y	L
A	H	G	B	R	E	T	E	M	A	I	D	L	G	A
N	C	S	F	F	I	N	F	O	W	G	S	R	O	R
G	G	T	Y	N	O	I	T	K	A	R	F	Ä	N	U
E	X	E	F	L	O	Z	X	H	L	A	Ä	T	H	I
L	E	R	O	A	M	C	R	C	K	K	R	D	B	W
J	L	F	X	M	A	R	I	T	M	E	T	I	S	K
B	W	S	I	I	E	P	A	R	A	L	L	E	L	L
C	P	N	N	C	A	T	S	Y	M	M	E	T	R	I
O	M	K	R	E	T	S	R	H	F	L	B	X	Y	U
N	V	I	P	D	I	N	O	I	T	A	V	K	E	M

VINKLAR
ARITMETISK
TORG
OMKRETS
DECIMAL
DIAMETER
EXPONENT
EKVATION
FRAKTION
GEOMETRI
PARALLELL
VINKELRÄT
POLYGON
RADIE
REKTANGEL
SUMMA
SFÄR
SYMMETRI
TRIANGEL
VOLYM

21 - Mythologie

I	G	O	R	B	W	A	I	K	M	Y	I	M	M	S
J	B	E	T	E	E	N	D	E	U	A	L	A	V	U
S	V	A	R	T	S	J	U	K	A	L	G	E	O	G
V	S	R	S	K	A	P	A	N	D	E	T	I	J	M
W	N	Z	Y	N	K	B	A	T	F	N	Z	U	S	L
H	Ä	M	N	D	S	B	E	X	E	A	E	R	R	K
R	A	G	P	C	Å	B	G	J	M	U	S	G	R	E
L	A	B	Y	R	I	N	T	X	I	L	B	D	E	W
U	M	J	N	A	A	R	K	E	T	Y	P	Ö	T	L
L	E	A	O	F	C	R	T	B	N	H	F	D	S	P
S	G	J	I	G	V	A	R	E	L	S	E	L	N	M
T	E	H	G	I	L	D	Ö	D	O	Z	B	I	O	L
R	K	A	T	A	S	T	R	O	F	H	I	G	M	T
O	X	G	X	L	T	N	S	T	Y	R	K	A	W	U
K	R	I	G	A	R	E	X	S	H	J	Ä	L	T	E

ARKETYP
KATASTROF
BETEENDE
SKAPANDE
VARELSE
TRO
KULTUR
BLIXT
STYRKA
KRIGARE
HJÄLTE
ODÖDLIGHET
SVARTSJUKA
LABYRINT
LEGEND
MAGISK
MONSTER
DÖDLIG
ÅSKA
HÄMND

22 - Restaurant #2

G	L	I	D	H	D	A	L	L	A	S	A	H	B	R
R	O	U	D	X	S	R	A	L	D	U	N	M	X	Y
Ö	T	B	N	D	T	A	Y	M	A	F	G	E	L	F
N	S	U	U	C	C	G	L	C	S	K	X	I	F	I
S	S	M	W	I	H	A	G	T	K	U	R	F	I	S
A	P	P	O	S	B	D	G	A	F	F	E	L	S	K
K	B	E	N	V	L	D	Ä	B	O	W	L	N	I	L
E	B	S	E	R	V	I	T	Ö	R	M	S	G	A	J
R	K	K	T	O	K	M	M	M	E	B	C	G	G	U
M	Z	C	T	D	A	X	O	A	K	U	X	T	P	Y
L	C	A	A	D	G	B	S	Y	C	J	C	J	F	X
C	Z	S	V	Y	K	G	N	H	Ä	Z	K	E	M	Z
L	J	K	T	R	T	O	Z	M	L	J	A	D	Y	N
V	G	E	U	K	C	Y	W	L	D	L	K	S	S	M
G	O	D	Z	B	S	G	P	I	I	S	A	B	S	C

DRYCK
STOL
SKED
LUNCH
LÄCKER
MIDDAG
VATTEN
KRYDDOR
GAFFEL
FRUKT
KAKA
IS
GRÖNSAKER
NUDLAR
ÄGG
FISK
SALLAD
SALT
SERVITÖR
SOPPA

23 - Beauté

N	O	L	I	T	E	S	T	Y	L	I	S	T	G	E
F	Ä	R	G	T	J	Ä	N	S	T	E	R	W	I	K
Z	O	A	K	I	T	E	M	S	O	K	D	R	U	A
S	L	K	S	D	R	N	Y	H	D	H	E	O	P	E
X	F	C	F	A	O	P	E	S	L	Ä	T	J	F	V
A	K	O	A	M	S	T	D	F	O	F	F	L	W	T
R	E	L	E	Y	M	O	C	O	U	J	I	O	Y	Y
A	A	C	H	M	I	S	E	T	I	F	T	Y	X	V
C	P	N	P	D	N	P	L	O	K	V	S	R	S	U
S	H	Å	H	L	K	E	E	G	C	G	P	Y	S	M
A	A	D	H	U	M	G	G	E	M	M	P	C	D	W
M	K	X	Y	B	D	E	A	N	I	O	Ä	H	K	J
X	Z	N	N	E	P	L	N	I	R	C	L	A	R	V
S	C	H	A	M	P	O	T	S	K	R	E	R	G	P
E	L	E	G	A	N	S	T	K	L	R	T	M	B	V

LOCKAR
CHARM
SAX
KOSMETIKA
FÄRG
ELEGANS
ELEGANT
NÅD
OLJOR
SLÄT
SMINK
MASCARA
SPEGEL
DOFT
HUD
FOTOGENISK
LÄPPSTIFT
TJÄNSTER
SCHAMPO
STYLIST

24 - Avions

Ä	A	G	N	I	N	T	K	I	R	P	V	G	N	S
V	G	N	I	N	D	N	A	L	E	T	R	V	V	O
E	S	O	O	F	W	D	X	C	L	E	M	M	I	H
N	M	L	C	Y	G	V	V	L	L	C	T	V	W	T
T	P	L	O	Z	G	Z	A	A	E	K	H	Ä	C	X
Y	P	A	H	Z	E	S	H	N	P	R	O	T	O	M
R	U	B	S	D	F	P	P	G	O	X	R	E	N	A
A	A	M	D	S	J	S	V	A	R	O	I	R	T	P
T	S	G	C	N	A	Ö	F	J	P	F	Z	A	F	G
M	Å	O	M	L	X	G	H	Ä	R	K	O	M	S	T
O	L	L	O	A	Z	O	E	L	S	N	Ä	R	B	O
S	B	D	C	P	D	N	F	R	H	G	T	F	U	L
F	Y	H	R	J	K	X	X	I	A	C	W	A	S	I
Ä	T	U	R	B	U	L	E	N	S	R	J	H	U	P
R	U	W	H	I	S	T	O	R	I	A	E	C	W	X

LUFT
ATMOSFÄR
LANDNING
ÄVENTYR
BALLONG
BRÄNSLE
HIMMEL
HÄRKOMST
RIKTNING
BLÅSA UPP
HÖJD
PROPELLER
HISTORIA
VÄTE
MOTOR
PASSAGERARE
PILOT
TURBULENS

25 - Aventure

I	I	T	K	Y	L	F	T	U	S	V	N	E	R	Ö
M	X	N	E	U	S	N	A	H	C	M	I	Y	E	V
S	O	G	L	Ä	D	J	E	R	R	W	J	O	S	E
A	Y	D	R	E	S	O	R	U	L	H	N	V	V	R
I	J	S	T	O	T	C	S	T	A	I	N	A	Ä	R
S	S	P	E	B	J	A	K	A	A	D	G	N	G	A
U	X	I	M	P	B	F	W	N	B	D	S	L	R	S
T	E	H	G	I	R	Å	V	S	Y	G	H	I	T	K
N	A	K	T	I	V	I	T	E	T	Z	U	G	P	A
E	D	E	S	T	I	N	A	T	I	O	N	T	D	N
S	Ä	K	E	R	H	E	T	E	H	N	Ö	K	S	D
N	A	V	I	G	E	R	I	N	G	K	X	A	V	E
F	Ö	R	B	E	R	E	D	E	L	S	E	U	C	K
W	I	D	T	G	W	V	K	P	K	G	X	R	U	N
M	Ö	J	L	I	G	H	E	T	J	W	D	H	V	U

AKTIVITET
SKÖNHET
MOD
CHANS
FARLIG
DESTINATION
SVÅRIGHET
ENTUSIASM
UTFLYKT
OVANLIG
RESVÄG
GLÄDJE
NATUR
NAVIGERING
NY
MÖJLIGHET
FÖRBEREDELSE
SÄKERHET
ÖVERRASKANDE
RESOR

26 - Ville

O	G	V	S	G	I	G	T	W	G	O	X	S	O	U
R	G	N	K	I	N	I	L	K	A	Y	O	F	Y	N
Ä	G	S	O	I	B	K	W	A	L	J	T	R	K	I
F	Y	M	L	L	E	T	O	H	L	C	E	G	R	V
F	U	F	A	B	A	D	O	H	E	S	A	S	G	E
A	P	O	T	E	K	S	Z	S	R	P	T	D	B	R
T	X	U	Z	D	T	X	U	E	I	D	E	R	O	S
A	B	O	K	H	A	N	D	E	L	R	R	K	U	I
M	E	A	S	B	I	B	L	I	O	T	E	K	B	T
U	P	C	T	I	U	D	P	K	Z	T	X	G	N	E
E	E	A	A	F	L	Y	G	P	L	A	T	S	A	T
S	H	U	D	A	N	K	R	A	M	C	H	M	V	B
U	Z	D	I	R	E	S	T	A	U	R	A	N	G	D
M	U	G	O	B	A	N	K	R	E	Y	N	X	L	J
M	S	Y	N	K	P	V	B	I	D	O	W	R	E	R

FLYGPLATS
BANK
BIBLIOTEK
BAGERI
BIO
KLINIK
SKOLA
GALLERI
HOTELL
BOKHANDEL
MARKNAD
MUSEUM
APOTEK
RESTAURANG
SALONG
STADION
MATAFFÄR
TEATER
UNIVERSITET
ZOO

27 - Ingénierie

D	S	I	R	U	T	K	U	R	T	S	F	K	M	S
U	I	T	M	X	T	L	M	O	Y	M	R	O	A	T
J	G	A	Y	H	U	O	Ä	T	B	V	A	N	S	A
D	R	W	G	R	W	L	T	A	B	L	M	S	K	B
I	E	J	N	R	K	F	N	T	X	X	D	T	I	I
S	N	H	E	E	A	A	I	I	M	M	R	R	N	L
T	E	R	O	T	O	M	N	O	C	G	I	U	U	I
R	L	E	S	E	I	D	G	N	A	Z	V	K	E	T
I	N	A	C	M	G	C	D	J	U	P	N	T	P	E
B	A	N	M	A	A	K	S	T	Ä	V	I	I	Z	T
U	D	N	O	I	L	X	X	B	M	T	N	O	A	B
T	D	D	W	D	G	P	E	Y	N	S	G	N	K	P
I	R	E	D	S	K	A	P	L	E	K	N	I	V	L
O	B	E	R	Ä	K	N	I	N	G	U	X	R	O	W
N	J	E	R	P	B	A	M	Z	P	I	G	F	R	S

VINKEL
AXEL
BERÄKNING
KONSTRUKTION
DIAGRAM
DIAMETER
DIESEL
DISTRIBUTION
REDSKAP
ENERGI
STYRKA
VÄTSKA
MASKIN
MÄTNING
MOTOR
DJUP
FRAMDRIVNING
ROTATION
STABILITET
STRUKTUR

28 - Énergie

E	B	R	Ä	N	S	L	E	R	E	G	I	D	T	E
U	L	M	H	J	E	O	M	F	N	I	S	N	E	B
T	O	E	S	O	K	K	R	O	T	O	M	F	V	I
P	S	B	K	R	O	S	Ä	A	R	N	M	O	I	N
E	K	I	O	T	E	G	V	V	O	W	E	T	Y	D
K	L	R	I	A	R	N	U	Z	P	T	K	O	Ö	U
Ä	P	E	F	U	B	I	M	U	I	K	S	N	J	S
R	P	T	K	T	J	N	S	D	I	E	S	E	L	T
N	I	T	R	T	O	E	Z	K	V	S	Y	N	I	R
K	O	A	C	Z	R	R	V	K	Ä	K	P	O	M	I
R	W	B	J	W	D	O	Z	I	T	K	M	P	U	W
A	X	J	S	E	D	R	N	B	E	D	L	H	A	D
F	R	Z	D	I	G	Ö	F	Ö	R	N	Y	B	A	R
T	V	X	T	V	D	F	J	N	D	I	U	P	F	O
T	U	R	B	I	N	V	F	K	I	V	R	I	F	A

BATTERI
KOL
BRÄNSLE
VÄRME
DIESEL
ENTROPI
MILJÖ
BENSIN
ELEKTRISK
ELEKTRON
VÄTE
INDUSTRI
MOTOR
KÄRNKRAFT
FOTON
FÖRORENING
FÖRNYBAR
SOL
TURBIN
VIND

29 - Cuisine

S	O	S	M	X	O	E	T	H	E	G	O	D	F	M
V	Z	L	M	B	C	A	N	O	W	G	F	V	T	T
A	T	E	K	O	P	P	A	R	L	L	I	R	G	X
M	S	V	G	K	Y	L	S	K	Å	P	F	R	Y	S
P	E	D	Ä	L	K	R	Ö	F	K	B	S	O	R	R
L	R	A	D	E	K	S	Ä	W	S	N	U	T	S	L
S	V	T	T	M	A	T	T	P	E	C	E	R	W	U
S	E	R	A	N	N	Y	P	K	C	K	D	S	K	N
B	T	K	O	N	L	L	I	A	B	I	A	L	O	X
W	T	T	N	D	V	L	N	N	W	Y	F	U	B	N
U	B	Y	G	I	D	U	N	N	F	T	J	G	B	Z
I	D	E	Y	T	V	Y	A	A	W	F	B	N	R	X
H	D	G	M	I	U	A	R	A	L	F	F	A	G	R
X	B	G	W	L	P	V	R	K	J	L	O	Z	X	A
V	A	T	T	E	N	K	O	K	A	R	E	F	G	P

ÄTPINNAR
SKÅL
VATTENKOKARE
FRYS
KNIVAR
KANNA
SKEDAR
KRYDDOR
SVAMP
UGN
GAFFLAR
GRILL
SLEV
MAT
BURK
RECEPT
KYLSKÅP
SERVETT
FÖRKLÄDE
KOPPAR

30 - Corps Humain

L	F	H	K	H	U	H	K	W	M	V	H	M	B	T
V	Ä	X	Y	A	R	Ö	M	K	B	F	U	U	L	A
V	C	P	Z	K	S	O	L	Z	C	T	V	S	O	N
B	Y	C	P	A	Y	H	W	S	X	L	U	N	D	S
X	A	I	K	A	L	B	S	G	G	C	D	A	U	I
B	L	B	K	Ä	R	E	G	N	I	F	N	Z	H	K
O	L	Y	N	M	K	I	D	U	Y	B	H	G	X	T
C	P	Y	Ä	J	E	E	H	K	E	W	V	F	I	E
M	A	H	A	L	S	Y	J	V	C	D	W	O	K	Y
H	R	K	E	X	W	J	Ä	M	L	D	H	T	U	A
J	M	I	G	V	M	B	R	M	I	K	P	L	M	H
Ä	B	H	A	N	D	S	T	R	U	N	L	E	X	A
R	Å	N	Ä	S	A	O	A	F	N	N	W	D	T	Y
N	G	A	U	U	U	R	V	W	M	F	S	K	L	S
A	E	G	A	M	G	Z	A	B	I	F	H	T	R	L

MUN
HJÄRNA
FOTLED
HALS
ARMBÅGE
HJÄRTA
FINGER
MAGE
AXEL
KNÄ
LÄPPAR
HAND
KÄKE
HAKA
NÄSA
ÖRA
HUD
BLOD
HUVUD
ANSIKTE

31 - Biologie

N	C	C	J	X	A	C	I	R	T	Z	M	R	L	I
S	E	Y	L	U	Y	J	A	E	U	E	I	F	E	K
O	Y	R	B	M	E	N	G	P	T	U	P	I	X	J
I	F	M	V	Z	D	O	W	T	G	Y	K	M	A	H
B	A	K	T	E	R	I	E	I	B	S	M	U	S	S
M	Y	R	Z	X	L	T	H	L	L	E	C	T	M	E
Y	W	O	I	F	H	U	U	S	V	M	J	A	U	T
S	P	A	N	Y	S	L	G	I	L	R	U	T	A	N
G	O	B	A	X	W	O	T	X	R	X	Z	I	N	Y
U	B	M	G	K	Z	V	R	D	F	X	E	O	A	S
H	R	N	S	L	L	E	C	V	R	E	N	N	T	O
R	L	H	K	O	L	L	A	G	E	N	Z	U	O	T
Z	R	P	R	O	T	E	I	N	F	M	Y	Y	M	O
D	Ä	G	G	D	J	U	R	J	J	Y	M	V	I	F
K	R	O	M	O	S	O	M	H	O	R	M	O	N	S

ANATOMI
BAKTERIE
CELL
KROMOSOM
KOLLAGEN
EMBRYO
ENZYM
EVOLUTION
HORMON
DÄGGDJUR
MUTATION
NATURLIG
NERV
NERVCELL
OSMOS
FOTOSYNTES
PROTEIN
REPTIL
SYMBIOS
SYNAPS

32 - Épices

O	M	Y	V	A	M	M	U	M	E	D	R	A	K	J
N	M	I	R	U	U	J	A	F	L	A	E	G	L	V
I	S	K	N	C	S	C	F	O	Ä	U	F	L	N	E
B	U	L	F	E	K	K	W	T	I	N	I	J	T	A
Y	R	R	U	C	O	Ö	F	F	H	T	K	Z	P	W
B	E	E	C	I	T	U	L	T	K	S	D	Å	A	S
I	D	L	A	K	R	I	T	S	C	A	G	Y	L	M
T	N	A	R	F	F	A	S	J	A	R	N	L	J	A
T	A	K	I	R	P	A	P	C	N	Ä	I	E	J	K
E	I	I	P	E	P	P	A	R	I	F	M	K	L	N
R	R	V	I	T	L	Ö	K	R	S	E	M	W	I	E
P	O	D	A	N	W	N	F	L	I	G	U	L	N	X
C	K	L	V	Z	D	U	H	L	H	N	K	Z	A	U
J	E	A	R	C	N	H	R	J	H	I	N	J	V	X
J	T	R	I	E	Y	S	A	L	T	N	I	O	A	R

SUR
VITLÖK
BITTER
ANIS
KANEL
KARDEMUMMA
KORIANDER
KUMMIN
CURRY
FÄNKÅL
INGEFÄRA
MUSKOT
LÖK
PAPRIKA
PEPPAR
LAKRITS
SAFFRAN
SMAK
SALT
VANILJ

33 - Agronomie

S	T	U	D	I	E	T	H	C	F	N	J	Y	A	Z
P	U	P	C	N	X	A	Y	P	Ö	J	L	I	M	V
W	E	Y	V	Z	T	M	Y	Z	R	D	E	G	E	E
F	R	Ö	N	A	K	S	O	L	O	W	S	O	T	T
A	A	S	L	T	T	M	W	O	R	C	D	L	S	E
U	M	F	J	Y	E	T	Z	V	E	A	Ö	O	Y	N
T	O	R	G	X	T	A	E	D	N	I	G	K	S	S
W	D	V	P	G	E	X	R	N	I	V	L	E	U	K
P	K	E	R	O	S	I	O	N	N	B	B	O	J	A
Z	U	S	B	N	M	V	V	I	G	R	E	N	E	P
T	J	W	P	R	O	D	U	K	T	I	O	N	O	H
W	S	F	O	R	S	K	N	I	N	G	I	P	U	Y
J	O	R	D	B	R	U	K	A	K	D	T	T	F	P
L	A	N	T	L	I	G	T	I	L	L	V	Ä	X	T
G	R	Ö	N	S	A	K	E	R	M	A	T	K	Z	I

JORDBRUK
TILLVÄXT
VATTEN
GÖDSEL
MILJÖ
EKOLOGI
ENERGI
EROSION
STUDIE
FRÖN
GRÖNSAKER
SJUKDOMAR
MAT
FÖRORENING
PRODUKTION
FORSKNING
LANTLIG
VETENSKAP
SYSTEM

34 - Science

F	Y	S	I	K	S	I	M	E	K	A	Z	M	K	D
L	R	M	J	I	G	L	G	F	R	A	V	L	L	A
I	A	E	V	O	L	U	T	I	O	N	I	G	I	T
S	M	B	F	O	R	S	K	A	R	E	T	H	M	A
S	E	N	O	I	T	A	V	R	E	S	B	O	A	X
O	T	O	P	R	A	L	K	I	T	R	A	P	T	T
F	O	M	G	X	A	A	T	O	M	R	D	G	T	G
R	D	G	C	P	O	T	F	A	M	F	I	M	M	S
R	E	L	Y	K	E	L	O	M	W	K	T	O	S	X
A	U	X	P	N	Z	T	R	R	N	X	F	I	I	R
M	I	N	E	R	A	L	E	R	I	O	K	V	N	P
L	W	N	K	X	H	G	U	Y	M	U	T	K	A	F
B	E	X	P	E	R	I	M	E	N	T	M	H	G	J
I	C	M	N	A	T	U	R	K	S	H	S	E	R	K
H	Y	P	O	T	E	S	K	H	V	X	N	O	O	G

ATOM
KEMISK
KLIMAT
DATA
EXPERIMENT
EVOLUTION
FAKTUM
FOSSIL
ALLVAR
HYPOTES
LABORATORIUM
METOD
MINERALER
MOLEKYLER
NATUR
OBSERVATION
ORGANISM
PARTIKLAR
FYSIK
FORSKARE

35 - Vêtements

F	H	S	A	F	M	I	P	P	S	W	R	V	B	Y
Ö	A	N	K	P	O	B	Ä	C	Y	K	G	D	Y	O
R	L	A	D	O	D	L	L	A	U	J	G	S	X	C
K	S	E	S	F	E	A	S	Z	I	V	A	W	O	I
L	D	J	U	K	G	E	G	K	M	S	J	M	R	O
Ä	U	E	L	M	J	A	R	A	K	S	D	N	A	H
D	K	H	B	V	H	O	C	K	H	L	S	G	K	S
E	T	L	Ä	B	O	O	R	M	D	R	T	J	W	T
T	L	U	C	E	J	Z	E	T	N	K	J	O	L	R
A	R	M	B	A	N	D	L	T	A	R	U	W	T	Ö
Z	K	J	R	B	U	Y	A	A	B	N	J	N	W	J
R	H	F	D	K	L	G	D	H	S	I	S	E	U	A
J	B	S	G	N	I	N	N	Ä	L	K	H	O	M	R
S	J	A	C	K	A	O	A	E	A	H	D	F	N	P
M	T	H	S	B	A	F	S	I	H	V	M	L	L	L

ARMBAND
BÄLTE
HATT
SKO
SKJORTA
BLUS
HALSBAND
HALSDUK
HANDSKAR
JEANS
KJOL
PÄLS
MODE
BYXOR
TRÖJA
PYJAMAS
KLÄNNING
SANDALER
FÖRKLÄDE
JACKA

36 - Méditation

R	I	P	R	H	A	A	V	T	F	M	H	P	Z	G
M	Ö	X	E	H	N	V	Ä	A	R	U	Å	S	V	U
E	G	R	T	F	D	A	N	C	E	S	L	Y	L	W
D	O	O	E	O	A	N	L	K	D	I	L	K	B	K
K	D	B	H	L	S	O	I	S	J	K	N	I	X	Ä
Ä	K	S	M	T	S	R	G	A	R	K	I	S	V	N
N	Ä	E	A	Y	Z	E	H	M	F	T	N	K	I	S
S	N	R	S	S	D	Z	E	H	C	G	G	E	T	L
L	N	V	K	T	O	H	T	E	H	R	A	L	K	O
A	A	A	R	N	J	V	N	T	H	I	M	G	E	R
K	N	T	Ä	A	R	R	K	N	G	U	L	E	P	H
P	D	I	M	D	M	I	X	A	E	Z	I	N	S	V
G	E	O	P	E	X	E	J	T	P	K	W	T	R	L
A	L	N	P	R	A	G	F	U	C	V	A	U	E	H
C	L	G	U	W	A	B	T	R	O	E	O	V	P	G

GODKÄNNANDE
UPPMÄRKSAMHET
LUGN
KLARHET
MEDKÄNSLA
KÄNSLOR
VAKEN
VÄNLIGHET
TACKSAMHET
VANOR
PSYKISK
RÖRELSE
MUSIK
NATUR
OBSERVATION
FRED
PERSPEKTIV
HÅLLNING
ANDAS
TYSTNAD

37 - Littérature

A	M	E	T	J	Ä	M	F	Ö	R	E	L	S	E	F
G	N	I	N	V	I	R	K	S	E	B	T	T	R	K
F	U	E	T	S	O	H	S	Y	E	U	E	A	P	S
K	Ö	M	K	F	E	L	I	L	I	T	S	S	W	W
C	A	R	F	D	H	N	T	A	N	K	V	T	H	P
Z	P	E	F	K	O	H	E	N	G	I	R	U	F	D
H	M	M	W	A	P	T	O	A	I	D	S	L	G	Y
F	L	H	R	T	T	F	P	L	N	T	U	S	A	S
M	I	R	G	R	K	T	G	J	N	C	V	M	N	H
W	E	C	O	Y	I	T	A	R	O	M	A	N	A	L
X	W	T	L	T	S	B	V	R	B	B	C	L	L	H
Z	W	H	A	M	Å	S	U	U	E	R	C	S	O	G
T	P	F	I	F	A	R	G	O	I	B	K	T	G	O
Z	A	O	D	K	O	T	R	A	G	E	D	I	I	F
S	I	U	W	U	E	R	A	T	T	Ä	R	E	B	D

ANALOGI
ANALYS
ANEKDOT
FÖRFATTARE
BIOGRAFI
JÄMFÖRELSE
SLUTSATS
BESKRIVNING
DIALOG
METAFOR
BERÄTTARE
ÅSIKT
DIKT
POETISK
RIM
ROMAN
RYTM
STIL
TEMA
TRAGEDI

38 - Nourriture #1

Y	W	S	T	I	N	S	P	H	P	N	X	V	R	B
K	R	L	O	D	T	E	Ä	X	W	Y	I	W	O	A
V	K	L	K	W	U	X	R	E	K	C	O	S	V	S
I	X	U	Y	C	B	S	O	J	M	Z	V	H	A	I
T	A	N	E	P	S	A	N	V	Z	T	F	R	L	L
L	L	F	C	M	B	L	R	O	K	H	Z	H	J	I
Ö	J	U	I	C	E	T	O	W	R	Ö	A	X	O	K
K	F	S	A	H	P	S	K	B	R	T	T	D	R	A
S	Ö	A	P	P	O	S	K	M	U	O	I	T	D	Z
I	R	L	E	N	A	K	K	A	F	F	E	C	G	S
F	Y	L	J	B	K	L	O	D	H	G	A	G	U	J
N	H	A	V	P	Y	Ö	G	C	B	Y	L	Y	B	B
O	V	D	S	C	L	J	K	N	P	X	X	M	B	U
T	O	R	O	M	T	M	F	V	O	Z	C	P	T	F
R	Y	X	V	M	E	V	Y	D	T	K	O	B	E	S

VITLÖK
BASILIKA
KAFFE
KANEL
MOROT
CITRON
SPENAT
JORDGUBB
JUICE
MJÖLK
ROVA
LÖK
KORN
PÄRON
SALLAD
SALT
SOPPA
SOCKER
TONFISK
KÖTT

39 - Jours et Mois

O	N	W	A	K	C	E	V	J	R	G	H	U	Z	Y
O	K	O	T	G	A	D	S	R	O	T	N	S	L	E
P	V	T	V	W	W	L	I	R	P	A	U	E	B	V
N	F	M	O	E	T	W	E	J	U	L	I	P	L	R
C	X	U	G	B	M	Y	U	N	E	O	N	T	Ö	J
M	Å	N	A	D	E	B	O	H	D	D	F	E	R	A
T	T	A	D	P	K	R	E	V	M	E	Z	M	D	N
U	Z	B	N	U	H	K	C	R	K	C	R	B	A	U
N	R	N	Ö	F	R	E	D	A	G	G	M	E	G	A
A	S	K	S	T	X	C	V	Y	X	D	A	R	A	R
T	I	S	D	A	G	A	D	S	N	O	R	J	D	I
F	E	B	R	U	A	R	I	L	G	N	S	U	N	B
S	V	K	S	I	U	K	L	P	V	A	G	N	Å	O
W	J	T	G	K	V	E	K	D	Z	C	V	I	M	Y
I	K	Z	N	A	U	G	U	S	T	I	A	N	I	P

AUGUSTI
APRIL
KALENDER
SÖNDAG
FEBRUARI
JANUARI
TORSDAG
JULI
JUNI
MÅNDAG
TISDAG
MARS
ONSDAG
MÅNAD
NOVEMBER
OKTOBER
LÖRDAG
VECKA
SEPTEMBER
FREDAG

40 - Entreprise

T	L	K	K	V	V	D	M	X	O	C	U	S	S	Z
H	Z	G	E	R	A	V	I	G	S	T	E	B	R	A
V	M	G	N	I	R	E	T	S	E	V	N	I	T	V
A	N	M	K	N	O	I	T	K	A	S	N	A	R	T
L	W	V	S	K	R	A	G	N	E	P	N	T	E	C
U	Z	V	I	N	S	T	G	X	P	S	P	S	T	K
T	F	V	T	D	B	U	T	I	K	E	H	O	T	A
A	V	A	D	I	N	K	O	M	S	T	P	K	A	R
V	B	J	B	L	F	Ö	R	E	T	A	G	B	K	R
J	D	F	N	R	L	D	U	U	H	G	O	S	S	I
T	X	F	H	Z	I	Ä	F	X	U	Z	C	A	S	Ä
P	U	Y	T	S	A	K	T	E	G	D	U	B	A	R
I	N	E	F	I	N	A	N	S	K	O	N	T	O	R
E	K	O	N	O	M	I	H	X	N	H	O	X	N	F
K	X	I	S	S	A	B	F	A	E	A	J	M	Y	U

PENGAR
BUTIK
BUDGET
KONTOR
KARRIÄR
KOSTA
VALUTA
ARBETSGIVARE
ANSTÄLLD
FÖRETAG

EKONOMI
FINANS
SKATTER
INVESTERING
VAROR
VINST
INKOMST
TRANSAKTION
FABRIK

41 - Activités

C	I	K	T	C	Y	B	V	M	T	B	B	D	L	D
A	N	S	M	H	T	X	T	A	H	K	E	T	D	A
M	T	Z	Ö	J	T	E	H	G	I	D	R	Ä	F	N
P	R	C	J	M	C	I	G	I	T	N	B	J	T	S
I	E	Z	U	V	N	F	Y	U	O	A	Ö	A	Y	A
N	S	C	N	S	P	A	N	V	B	F	O	J	T	V
G	S	J	W	B	A	R	D	I	T	I	R	F	E	K
N	E	A	J	I	N	G	N	I	N	L	Å	M	T	O
I	N	A	I	L	R	O	J	W	A	Z	R	B	I	P
R	H	K	R	E	V	T	N	A	H	P	V	A	V	P
D	M	R	K	P	P	O	K	O	N	S	T	U	I	L
N	I	E	K	S	I	F	N	A	N	X	S	D	T	I
A	K	E	R	A	M	I	K	O	J	P	Z	O	K	N
V	G	Z	U	R	O	R	J	X	D	I	M	N	A	G
F	X	B	B	P	R	O	L	Ä	S	N	I	N	G	R

AKTIVITET
KONST
HANTVERK
CAMPING
KERAMIK
JAKT
FÄRDIGHET
SÖMNAD
DANS
INTRESSEN
SPEL
LÄSNING
FRITID
MAGI
MÅLNING
FISKE
FOTOGRAFI
NÖJE
VANDRING
AVKOPPLING

42 - Mode

S	B	D	W	G	C	Y	U	J	K	T	M	P	C	A
T	T	J	U	X	K	L	A	N	I	G	I	R	O	D
E	U	Q	I	T	U	O	B	D	W	I	N	I	S	W
P	N	Y	I	R	M	K	U	U	E	F	I	S	O	F
S	R	K	P	R	A	K	T	I	S	K	M	V	F	B
N	E	A	E	R	S	T	R	E	N	D	A	Ä	I	S
R	D	F	F	L	G	B	E	E	K	P	L	R	S	T
K	O	Z	P	P	Y	R	T	L	L	W	I	D	T	I
K	M	F	W	N	L	O	S	E	Ä	S	S	S	I	L
O	N	W	O	B	B	D	N	G	D	Y	T	K	K	T
B	L	A	U	Z	V	E	Ö	A	E	T	I	A	E	E
D	R	H	P	D	L	R	M	N	R	K	S	C	R	X
P	D	C	G	P	E	I	T	T	R	K	K	U	A	T
L	Y	Y	D	R	A	B	Y	E	E	R	F	X	D	U
A	H	Z	R	J	U	R	G	O	B	V	W	Y	U	R

PRISVÄRD
BOUTIQUE
KNAPPAR
BRODERI
DYR
SPETS
ELEGANT
MINIMALISTISK
MODERN
BLYGSAM

MÖNSTER
ORIGINAL
PRAKTISK
ENKEL
SOFISTIKERAD
STIL
TREND
TEXTUR
TYG
KLÄDER

43 - Fleurs

P	M	J	Y	K	B	N	Y	A	P	C	É	Y	P	V
A	A	L	S	K	B	G	H	S	L	L	D	C	K	O
S	S	N	I	U	H	L	K	G	U	E	I	V	H	L
S	K	M	N	L	N	R	W	G	M	D	K	L	U	B
I	R	M	I	U	A	W	G	L	E	N	R	F	J	K
O	O	S	M	F	P	M	O	W	R	E	O	K	T	A
N	S	P	S	O	L	R	O	S	I	V	J	T	T	N
F	V	Å	A	P	U	E	F	P	A	A	U	Z	N	Ö
L	A	S	J	G	T	V	L	I	Z	L	J	D	S	K
O	L	K	F	X	V	Ö	V	O	C	W	T	L	F	S
W	L	L	X	A	I	L	O	N	G	A	M	G	I	N
E	M	I	M	C	Y	K	B	U	K	E	T	T	N	E
R	O	L	H	I	B	I	S	K	U	S	C	G	T	S
N	Z	J	G	A	R	D	E	N	I	A	E	N	L	U
O	D	A	L	B	N	O	R	K	A	O	Y	G	P	T

BUKETT
GARDENIA
HIBISKUS
JASMIN
PÅSKLILJA
LAVENDEL
LILA
LILJA
MAGNOLIA
TUSENSKÖNA
ORKIDÉ
PASSIONFLOWER
VALLMO
KRONBLAD
MASKROS
PION
PLUMERIA
SOLROS
KLÖVER
TULPAN

44 - Nourriture #2

B	P	Y	X	L	R	L	Z	Y	K	X	I	W	I	K
L	A	V	U	R	D	Z	R	D	S	I	R	E	P	S
U	P	N	Z	L	Y	H	Ä	P	P	L	E	X	R	I
M	B	T	A	M	O	T	B	V	K	O	L	C	K	F
S	A	A	K	N	I	K	S	Y	O	C	L	P	G	G
S	V	N	P	A	U	C	R	S	X	C	E	U	D	G
H	D	A	G	T	P	E	Ö	P	M	O	S	N	I	Y
G	T	T	M	O	H	R	K	V	H	R	G	G	X	A
C	H	N	C	P	H	Z	X	M	W	B	V	E	T	E
T	P	A	U	K	B	R	Ö	D	Z	G	W	I	T	B
A	B	L	E	D	N	A	M	C	H	O	K	L	A	D
F	G	P	E	H	A	H	U	S	L	O	V	R	W	D
V	W	G	G	Ä	M	S	N	N	K	M	M	O	T	P
I	T	G	R	A	G	B	N	I	G	X	C	J	H	R
A	B	Ä	K	Y	C	K	L	I	N	G	P	P	I	N

MANDEL
ÄGGPLANTA
BANAN
VETE
BROCCOLI
KÖRSBÄR
SELLERI
SVAMP
CHOKLAD
SKINKA
KIWI
MANGO
ÄGG
BRÖD
FISK
ÄPPLE
KYCKLING
DRUVA
RIS
TOMAT

45 - Algèbre

L	E	M	R	O	F	S	D	F	D	R	F	I	S	F
L	Ö	L	A	C	A	T	R	I	A	N	B	N	V	R
O	J	S	L	I	N	J	Ä	R	A	K	X	F	X	A
N	T	F	N	C	D	F	O	B	N	G	T	S	R	K
L	E	B	A	I	R	A	V	D	O	N	R	O	X	T
S	T	W	S	B	N	R	R	L	I	P	H	A	R	I
I	I	K	Z	P	Y	G	O	S	T	R	K	K	M	O
F	T	Z	T	Y	A	I	A	S	K	S	L	A	F	N
F	N	A	P	E	G	L	M	E	A	I	A	L	Z	O
R	A	D	I	I	F	D	N	T	R	R	K	D	O	I
A	V	E	X	P	O	N	E	N	T	T	Z	K	A	T
L	K	L	Z	C	W	Ä	X	E	B	A	B	T	J	A
L	L	N	F	N	X	O	W	R	U	M	E	R	A	V
F	Ö	R	E	N	K	L	A	A	S	P	P	U	I	K
P	R	O	B	L	E	M	N	P	E	O	I	E	N	E

DIAGRAM
EXPONENT
EKVATION
FAKTOR
FALSK
FORMEL
FRAKTION
GRAF
OÄNDLIG
LINJÄR
MATRIS
SIFFRA
PARENTES
PROBLEM
KVANTITET
FÖRENKLA
LÖSNING
SUBTRAKTION
VARIABEL
NOLL

46 - Océan

M	S	V	A	M	P	O	A	E	T	G	N	E	A	V
R	E	V	S	E	K	S	I	F	K	C	Ä	L	B	N
O	I	R	B	G	Y	T	Y	F	W	F	S	Å	D	S
T	L	O	S	K	K	R	P	I	S	T	J	A	H	L
S	N	D	N	K	V	O	O	S	Z	X	V	Y	L	Z
F	X	Y	E	S	Ö	N	S	K	O	F	D	U	X	T
T	Å	N	G	I	M	L	W	X	H	M	J	P	R	K
N	A	F	R	F	Z	H	D	V	L	W	W	L	J	S
B	A	K	Ä	N	D	W	B	P	K	O	R	A	L	L
B	G	V	K	O	C	E	R	U	A	O	C	N	M	G
B	Å	T	A	T	L	Y	L	A	V	D	X	A	A	S
N	I	D	Y	A	Z	N	K	F	Y	U	D	F	N	X
K	R	A	B	B	A	K	C	S	I	W	U	A	E	H
S	V	Å	G	O	R	K	Z	C	O	N	Z	E	T	X
B	T	O	A	K	T	L	V	V	D	R	V	W	O	M

TÅNG
ÅL
VAL
BÅT
KORALL
KRABBA
RÄKA
DELFIN
SVAMP
OSTRON
MANET
FISK
BLÄCKFISK
HAJ
REV
SALT
STORM
TONFISK
SKÖLDPADDA
VÅGOR

47 - Antiquités

S	A	U	G	I	K	V	A	L	I	T	E	T	T	L
G	N	I	R	E	R	U	A	T	S	E	R	T	F	N
A	O	A	U	K	T	I	O	N	J	K	F	A	T	R
L	V	F	L	B	R	L	A	M	M	A	G	C	S	A
L	A	E	U	I	N	V	E	S	T	E	R	I	N	G
E	N	E	S	M	M	I	D	B	E	Z	T	S	O	N
R	L	W	H	S	S	T	R	M	Ö	P	W	M	K	I
I	I	S	C	L	T	A	Ä	E	Y	M	P	Y	V	N
V	G	N	C	H	I	R	V	E	R	N	O	C	V	L
L	A	C	L	U	L	O	U	F	W	P	T	K	G	Å
H	T	Y	I	S	T	K	T	O	G	K	K	E	J	M
Z	R	P	C	K	U	E	D	J	N	U	H	N	A	M
P	R	I	S	T	E	D	A	R	D	N	U	H	R	Å
A	U	T	E	N	T	I	S	K	J	U	O	H	P	S
S	K	U	L	P	T	U	R	E	L	E	G	A	N	T

KONST
AUTENTISK
SMYCKEN
DEKORATIV
AUKTION
ELEGANT
GALLERI
OVANLIG
INVESTERING
MÖBEL
MÅLNINGAR
MYNT
PRIS
KVALITET
RESTAURERING
SKULPTUR
ÅRHUNDRADE
STIL
VÄRDE
GAMMAL

48 - Boxe

Å	T	E	R	H	Ä	M	T	N	I	N	G	C	M	U
I	C	B	P	O	Ä	N	G	J	O	B	T	K	O	U
I	S	H	E	A	A	F	T	G	N	Ä	V	E	T	Z
H	A	K	A	M	X	R	A	Z	R	K	K	R	S	S
P	Y	R	P	P	M	T	M	O	Ö	K	J	A	T	T
U	T	M	A	T	T	A	D	B	H	L	M	M	Å	Y
G	E	L	M	K	I	H	I	E	Å	X	B	O	N	R
S	N	A	B	B	C	R	F	E	S	G	B	D	D	K
N	J	K	O	G	O	O	E	V	U	P	E	R	A	A
F	N	X	E	O	J	D	L	D	K	P	A	K	R	U
R	A	K	S	D	N	A	H	K	O	O	G	R	E	H
K	Ä	M	P	E	P	K	M	L	F	R	E	C	K	W
J	H	O	X	E	L	S	M	C	L	K	Z	D	K	A
W	L	Z	R	T	U	U	U	T	N	O	F	V	K	C
F	Ä	R	D	I	G	H	E	T	T	X	N	J	D	O

MOTSTÅNDARE
DOMARE
SKADOR
KLOCKA
HÖRN
KÄMPE
FÄRDIGHET
FOKUS
REP
KROPP
ARMBÅGE
SPARKA
UTMATTAD
STYRKA
HANDSKAR
HAKA
NÄVE
POÄNG
SNABB
ÅTERHÄMTNING

49 - Réchauffement Climatique

L	I	V	S	M	I	L	J	Ö	E	R	T	A	O	F
K	O	N	S	E	K	V	E	N	S	E	R	V	L	R
T	S	L	A	G	S	T	I	F	T	N	I	N	G	A
E	K	T	E	M	P	E	R	A	T	U	R	E	R	M
I	G	R	E	N	E	E	R	A	K	S	R	O	F	T
M	N	L	D	A	R	B	B	J	S	A	K	U	W	I
A	I	Y	V	W	K	F	P	S	I	G	W	O	L	D
H	R	L	Z	S	J	L	I	R	T	S	U	D	N	I
V	E	K	J	K	G	N	I	L	K	C	E	V	T	U
C	G	V	A	Ö	R	G	N	M	R	B	J	G	R	N
Z	E	U	P	B	W	I	X	N	A	T	A	D	J	E
N	R	V	Z	A	I	U	S	K	I	T	O	S	D	B
U	P	P	M	Ä	R	K	S	A	M	H	E	T	Z	M
B	E	F	O	L	K	N	I	N	G	A	R	C	F	G
G	E	N	E	R	A	T	I	O	N	E	R	D	K	G

ARKTISK
UPPMÄRKSAMHET
KLIMAT
KONSEKVENSER
KRIS
UTVECKLING
DATA
MILJÖ
ENERGI
FRAMTID
GAS
GENERATIONER
REGERING
LIVSMILJÖER
INDUSTRI
LAGSTIFTNING
NU
BEFOLKNINGAR
FORSKARE
TEMPERATURER

50 - Ballet

P	E	N	P	R	R	E	P	E	T	I	T	I	O	N
J	U	M	X	Y	Y	R	E	T	S	E	K	R	O	F
W	N	V	S	T	K	K	Ö	E	E	B	F	T	R	K
P	B	X	B	M	D	O	V	H	G	C	G	R	P	V
P	U	B	L	I	K	R	A	G	F	N	R	Ö	S	K
B	N	N	I	N	T	E	T	I	S	N	E	T	N	I
B	R	W	H	M	B	O	T	D	D	Y	L	I	T	S
A	A	U	A	X	K	G	O	R	W	H	K	S	P	U
P	X	L	V	F	N	R	L	Ä	U	R	S	O	G	M
P	Z	B	L	C	E	A	G	F	L	O	U	P	E	Y
L	M	V	T	E	W	F	J	L	F	P	M	M	U	J
Å	C	D	M	N	R	I	L	X	C	U	V	O	O	J
D	J	F	D	S	Ö	I	C	A	R	G	K	K	N	A
E	T	E	K	N	I	K	N	D	A	N	S	A	R	E
R	X	M	H	I	E	L	I	A	H	O	G	N	I	D

APPLÅDER
BALLERINA
KOREOGRAFI
FÄRDIGHET
KOMPOSITÖR
DANSARE
GEST
GRACIÖS
INTENSITET
MUSKLER
MUSIK
ORKESTER
ÖVA
PUBLIK
REPETITION
RYTM
STIL
TEKNIK

51 - Fruit

N	J	C	I	J	A	P	V	C	I	T	R	O	N	F
E	G	F	M	H	I	N	A	N	A	B	B	D	O	I
K	S	O	K	I	R	P	A	P	P	G	B	A	L	K
T	Ä	M	F	L	G	G	V	N	A	S	Ä	K	E	O
A	P	A	I	F	X	W	U	O	A	Y	R	O	M	N
R	P	N	B	R	G	M	R	L	F	S	A	V	A	T
I	L	G	V	F	M	H	D	L	M	E	K	A	P	C
N	E	O	P	Ä	R	O	N	A	H	V	N	X	E	J
D	C	L	K	U	Ä	D	P	H	D	I	R	H	L	Z
Z	W	O	S	K	B	P	E	R	S	I	K	A	S	B
M	X	O	H	I	S	T	Y	X	G	E	A	V	I	S
N	Y	E	V	W	R	M	Y	P	B	U	A	G	N	F
O	C	S	K	I	Ö	I	U	D	N	E	A	M	B	U
X	H	K	E	R	K	P	U	U	O	P	O	V	I	C
E	M	F	A	L	K	D	M	B	K	D	Y	K	A	O

APRIKOS
ANANAS
AVOKADO
BÄR
BANAN
KÖRSBÄR
CITRON
FIKON
HALLON
GUAVA
KIWI
MANGO
MELON
NEKTARIN
APELSIN
PAPAYA
PERSIKA
PÄRON
ÄPPLE
DRUVA

52 - Musique

M	G	B	P	I	R	S	M	N	A	P	O	M	M	C
U	T	V	O	X	N	Y	J	R	L	E	L	U	E	O
S	N	E	E	V	M	S	T	U	U	C	B	M	L	P
I	E	A	T	R	F	H	P	M	N	K	V	M	O	E
K	M	P	I	A	J	G	P	E	I	G	N	B	D	R
A	U	G	S	A	B	P	J	R	L	S	A	E	I	A
L	R	E	K	I	S	U	M	A	Z	N	K	K	O	H
I	T	B	A	L	L	A	D	G	X	O	I	G	N	A
S	S	L	Y	R	I	S	K	N	P	F	I	N	Z	R
K	N	J	R	M	R	B	N	Å	M	O	Y	Å	G	M
N	I	M	U	B	I	W	U	S	X	R	B	S	E	O
Y	M	U	K	S	I	S	S	A	L	K	I	U	R	N
V	S	B	R	H	H	P	W	L	O	I	T	J	Y	I
K	P	L	S	D	R	Z	F	O	P	M	E	T	T	S
W	H	A	R	M	O	N	I	G	H	L	X	L	M	K

ALBUM
BALLAD
SJUNGA
SÅNGARE
KLASSISK
INSPELNING
HARMONI
HARMONISK
INSTRUMENT
LYRISK
MELODI
MIKROFON
MUSIKALISK
MUSIKER
OPERA
POETISK
RYTM
RYTMISK
TEMPO
SÅNG

53 - Météo

O	D	I	W	U	S	H	J	B	W	E	H	U	U	D
P	S	I	T	X	L	D	J	D	M	R	Z	A	B	Y
K	G	D	T	M	U	O	T	I	I	T	K	N	I	M
A	E	T	O	R	K	A	V	F	T	C	R	Y	W	N
E	R	S	T	O	R	M	C	I	U	F	B	O	N	L
R	U	B	R	I	S	A	O	Y	N	U	Z	R	P	J
D	T	R	O	M	B	B	A	S	R	D	M	K	O	A
Z	A	K	S	Å	H	I	M	M	E	L	O	A	L	J
S	R	T	K	I	F	E	M	C	G	E	N	N	Ä	P
Y	E	G	R	L	R	V	I	R	Å	I	S	G	R	X
K	P	I	R	O	I	A	D	V	B	G	U	U	A	J
H	M	S	O	L	P	M	K	S	N	E	N	L	O	M
H	E	T	T	H	K	I	A	G	G	B	W	Y	A	L
L	T	T	E	N	G	V	S	T	E	M	S	S	P	J
A	T	M	O	S	F	Ä	R	K	R	N	U	Y	H	L

REGNBÅGE
ATMOSFÄR
BRIS
DIMMA
LUGN
HIMMEL
KLIMAT
IS
MONSUN
MOLN
ORKAN
POLÄRA
TORR
TORKA
TEMPERATUR
STORM
ÅSKA
TROMB
TROPISK
VIND

54 - L'Entreprise

M	Ö	J	L	I	G	H	E	T	F	B	P	M	R	M
V	W	U	G	N	I	R	E	T	S	E	V	N	I	E
M	J	G	V	I	D	R	Y	P	Y	T	L	N	S	D
M	M	H	I	X	N	N	T	Z	H	K	F	W	K	E
O	G	A	B	N	F	N	R	S	M	Y	L	I	E	L
Z	A	P	Z	Z	K	C	O	T	U	R	S	S	R	T
V	T	M	H	P	H	O	Y	V	D	D	C	B	G	R
O	E	K	Y	E	J	T	M	X	A	B	N	V	V	E
F	R	A	M	S	T	E	G	S	U	T	F	I	I	N
Z	Ö	X	L	Y	J	T	N	S	T	L	I	B	R	D
K	F	V	A	Z	C	I	E	L	W	Ö	C	V	R	E
Y	R	G	B	T	U	L	S	E	B	N	Y	A	T	R
H	S	N	O	I	T	A	T	N	E	S	E	R	P	C
J	S	T	L	E	K	V	K	R	E	A	T	I	V	Z
O	W	K	G	P	T	K	U	D	O	R	P	F	R	O

FÖRETAG
KREATIV
BESLUT
GLOBAL
INDUSTRI
INNOVATIVT
INVESTERING
MÖJLIGHET
PRESENTATION
PRODUKT
FRAMSTEG
KVALITET
MEDEL
INKOMST
RYKTE
RISKER
LÖN
TRENDER

55 - Gouvernement

J	R	G	X	K	P	S	W	K	I	T	I	L	O	P
N	J	M	S	C	K	G	D	O	R	N	A	I	A	A
L	L	E	N	O	I	T	A	N	E	E	Y	T	S	K
R	Z	U	X	N	Y	E	O	S	T	M	T	A	S	S
Ä	M	L	R	A	Y	H	N	T	E	U	V	R	N	R
T	Z	O	N	J	L	I	O	I	H	N	L	K	A	A
T	G	C	Z	O	Z	R	I	T	G	O	B	O	T	G
V	C	R	T	V	L	F	S	U	I	M	E	M	I	R
I	S	Y	P	G	I	L	S	T	T	Ä	R	E	O	O
S	M	M	U	A	V	Y	U	I	T	T	H	D	N	B
A	K	Z	A	L	I	Y	K	O	Ä	D	P	X	T	D
F	T	A	L	R	C	B	S	N	R	L	Y	N	R	E
P	A	K	J	Ä	M	L	I	K	H	E	T	Y	B	M
F	R	E	D	L	I	G	D	S	Y	M	B	O	L	L
O	B	E	R	O	E	N	D	E	P	W	I	R	X	I

MEDBORGARSKAP
CIVIL
KONSTITUTION
DEMOKRATI
TAL
DISKUSSION
RÄTTIGHETER
JÄMLIKHET
STAT
OBEROENDE
RÄTTSLIG
RÄTTVISA
FRIHET
LAG
MONUMENT
NATION
NATIONELL
FREDLIG
POLITIK
SYMBOL

56 - Randonnée

O	R	I	E	N	T	E	R	I	N	G	L	B	T	M
X	T	F	V	G	N	A	U	K	Y	V	E	E	O	V
D	Y	H	L	E	K	V	J	L	J	Y	R	R	P	A
F	Ö	R	B	E	R	E	D	E	L	S	E	G	P	T
S	T	E	N	A	R	U	Y	T	O	F	K	Z	M	T
X	P	X	L	D	F	I	T	P	S	X	R	M	Ö	E
K	F	V	I	L	D	L	I	A	T	R	A	K	T	N
L	L	C	A	M	P	I	N	G	N	A	P	D	E	M
T	W	I	V	Ä	D	E	R	N	K	L	I	P	P	A
M	I	F	M	C	O	P	E	U	J	V	S	R	Y	G
Z	W	W	C	A	T	R	Ö	T	T	Ö	D	A	V	G
G	U	I	D	E	T	N	D	K	V	T	K	V	A	S
Z	H	I	R	O	Y	O	R	M	S	S	S	H	G	O
A	B	G	R	N	L	L	X	T	H	T	B	F	O	T
R	V	F	M	L	O	T	P	R	F	K	V	H	W	W

DJUR
STÖVLAR
CAMPING
KARTA
KLIMAT
VATTEN
KLIPPA
TRÖTT
GUIDE
TUNG
VÄDER
BERG
NATUR
ORIENTERING
PARKER
STENAR
FÖRBEREDELSE
VILD
SOL
TOPPMÖTE

57 - Nutrition

M	B	I	T	T	E	R	U	S	K	B	V	V	G	Ä
N	A	K	S	I	R	F	F	M	A	A	I	I	V	T
R	N	T	V	P	A	V	O	A	L	L	K	T	R	L
O	I	S	S	A	S	J	X	K	O	A	T	A	V	I
K	X	O	S	M	L	F	D	N	R	N	X	M	W	G
S	O	K	M	L	Ä	I	F	L	I	S	V	I	L	D
T	T	L	P	N	H	L	T	R	E	E	C	N	X	J
Ä	P	T	H	Z	R	V	T	E	R	R	R	R	W	Ä
V	E	O	D	Y	O	E	I	N	T	A	A	H	M	S
S	Å	S	C	S	D	F	T	O	I	D	N	F	F	N
X	T	T	A	I	D	R	P	E	B	N	T	X	W	I
B	H	F	G	J	Y	E	A	N	I	T	G	G	L	N
E	O	R	F	V	R	Y	G	T	Z	J	S	T	L	G
C	H	A	X	I	K	P	E	C	E	T	Z	S	H	H
Y	Y	H	R	E	N	I	E	T	O	R	P	P	E	F

BITTER
APTIT
KALORIER
ÄTLIG
KOST
MATSMÄLTNING
KRYDDOR
BALANSERAD
JÄSNING
KOLHYDRATER
VÄTSKOR
VIKT
PROTEINER
KVALITET
FRISKA
HÄLSA
SÅS
SMAK
TOXIN
VITAMIN

58 - Science Fiction

S	T	L	T	R	O	G	E	N	T	L	J	S	P	I
V	R	E	K	C	Ö	B	U	T	O	P	I	V	L	E
D	U	K	K	B	M	T	U	Y	P	J	B	C	A	I
J	S	A	W	N	M	O	T	A	G	U	K	Z	N	E
M	S	R	T	N	I	Y	Z	N	G	J	X	D	E	X
N	V	O	U	S	K	K	S	M	P	A	I	I	T	T
R	K	N	A	L	S	I	K	T	O	I	B	L	E	R
I	C	O	U	D	I	L	M	J	I	K	E	L	X	E
L	G	I	R	A	T	O	B	O	R	S	R	U	J	M
Y	K	S	I	T	S	A	T	N	A	F	K	S	B	T
A	O	O	P	E	I	H	R	S	N	R	E	I	Z	C
P	A	L	Z	D	L	R	Ä	V	E	L	G	O	A	V
O	I	P	S	V	A	D	V	E	C	F	I	N	F	B
F	Y	X	S	G	E	D	P	Y	S	G	A	L	A	X
F	N	E	B	J	R	Ä	N	I	G	A	M	I	B	B

ATOM
BIO
EXPLOSION
EXTREM
FANTASTISK
ELD
TROGEN
GALAX
ILLUSION
IMAGINÄR
BÖCKER
VÄRLD
MYSTISK
ORAKEL
PLANET
REALISTISK
ROBOTAR
SCENARIO
TEKNIK
UTOPI

59 - Vertus #1

P	A	S	S	I	O	N	E	R	A	D	L	J	D	Z
H	T	G	X	V	O	B	E	R	O	E	N	D	E	L
F	W	I	K	B	L	Y	G	S	A	M	F	I	A	J
D	M	L	P	E	F	F	E	K	T	I	V	M	D	N
F	L	R	X	A	R	B	H	J	Ä	L	P	S	A	M
S	A	Ä	I	R	T	E	D	N	A	R	Ö	G	V	A
C	K	N	A	E	Z	I	O	E	Y	G	Z	V	Z	F
H	L	T	T	P	A	K	E	R	O	F	G	M	E	F
A	O	S	G	A	D	P	S	N	Y	G	I	L	O	R
R	K	N	E	F	S	A	M	U	T	R	E	K	Ä	S
M	U	O	N	T	G	I	L	T	I	L	Å	P	E	X
I	P	K	E	A	Y	W	F	O	K	T	L	E	X	N
G	E	A	R	Y	L	H	B	U	B	R	D	X	E	V
A	M	E	Ö	T	N	E	G	I	L	L	E	T	N	I
S	S	K	S	I	T	K	A	R	P	L	N	V	L	Z

KONSTNÄRLIG
BRA
CHARMIG
SÄKER
NYFIKEN
AVGÖRANDE
ROLIG
EFFEKTIV
PÅLITLIG
GENERÖS
FANTASIFULL
OBEROENDE
INTELLIGENT
BLYGSAM
PASSIONERAD
PATIENT
PRAKTISK
REN
KLOK
HJÄLPSAM

60 - Professions #1

U	A	C	T	P	O	R	A	G	P	S	D	Z	C	R
T	M	M	Y	G	M	X	Ö	D	N	D	H	P	N	E
I	B	B	H	D	O	O	B	R	V	N	X	U	C	D
D	A	P	U	K	N	D	W	W	M	O	T	X	S	A
A	S	R	P	N	O	T	I	F	L	O	K	W	K	K
N	S	J	F	O	R	S	K	A	R	E	K	A	D	T
S	A	Y	Ä	G	T	N	Z	R	W	U	L	A	T	Ö
A	D	P	B	G	S	S	S	G	U	A	B	Z	R	R
R	Ö	I	R	O	A	B	B	O	L	Z	C	E	I	E
E	R	A	A	L	P	R	G	T	Y	M	L	Y	K	K
X	K	N	N	O	O	S	E	R	A	K	Ä	L	N	I
P	X	I	D	K	O	L	U	A	W	G	X	G	A	S
U	C	S	M	Y	Y	G	N	K	M	X	Y	H	B	U
F	L	T	A	S	G	E	O	L	O	G	R	E	N	M
O	J	I	N	P	A	I	T	R	Ä	N	A	R	E	B

AMBASSADÖR
ASTRONOM
ADVOKAT
BANKIR
KARTOGRAF
JÄGARE
DANSARE
TRÄNARE
REDAKTÖR
GEOLOG
LÄKARE
MUSIKER
PIANIST
RÖRMOKARE
BRANDMAN
PSYKOLOG
FORSKARE

61 - Géologie

L	F	U	N	E	J	X	E	W	S	T	R	A	V	K
E	H	J	K	F	N	O	Z	F	G	N	E	T	S	O
R	E	S	C	S	A	L	T	R	Z	E	I	B	I	R
O	Z	E	D	T	K	I	T	M	Y	N	J	K	B	A
S	V	C	C	I	L	S	K	W	M	I	D	S	R	L
I	D	P	Z	T	U	S	O	A	U	T	S	A	E	L
O	C	L	U	K	V	O	M	K	W	N	C	I	L	R
N	B	A	F	A	R	F	U	W	D	O	L	D	A	D
L	S	T	U	L	E	T	I	G	W	K	A	I	R	M
P	A	Å	R	A	G	U	C	D	G	F	V	Y	E	A
K	R	I	S	T	A	L	L	E	R	R	A	J	N	D
I	Y	T	X	S	L	D	A	Z	Z	J	O	K	I	P
F	S	Y	W	S	M	Ä	K	B	D	R	F	T	M	W
B	U	P	K	B	M	B	M	O	A	D	P	P	T	I
Z	T	U	R	L	W	J	L	S	T	K	T	P	E	A

SYRA
KALCIUM
GROTTA
KONTINENT
KORALL
LAGER
KRISTALLER
EROSION
SMÄLT
FOSSIL
GEJSER
LAVA
MINERALER
STEN
PLATÅ
KVARTS
SALT
STALAKTIT
VULKAN
ZON

62 - Jardin

G	N	A	L	S	Ä	R	G	O	Y	T	T	R	R	S
G	A	X	J	D	G	E	J	F	O	U	L	N	Ä	T
R	D	R	H	D	R	J	H	Y	F	E	A	R	F	A
Ä	B	A	A	R	Ä	W	M	R	F	X	U	T	S	K
S	T	E	T	G	S	T	R	I	N	J	Z	Z	A	E
M	E	S	S	T	E	N	I	L	O	P	M	A	R	T
A	R	Y	K	E	A	Z	D	G	F	F	W	M	X	M
T	R	Y	Y	Y	F	M	B	K	L	J	G	M	A	J
T	A	E	F	J	T	O	G	W	J	G	M	O	T	D
A	S	P	F	V	A	D	W	N	A	P	E	L	U	R
H	S	T	E	I	A	P	B	B	Ä	N	K	B	H	O
J	D	R	L	Y	V	F	G	N	H	H	S	F	M	J
E	B	Ä	X	O	R	Z	U	A	P	D	U	L	V	B
M	P	D	R	Å	G	D	Ä	R	T	Y	B	S	I	P
F	R	U	K	T	T	R	Ä	D	G	Å	R	D	N	C

TRÄD
BÄNK
BUSKE
STAKET
DAMM
BLOMMA
GARAGE
HÄNGMATTA
GRÄS
TRÄDGÅRD
OGRÄS
SKYFFEL
GRÄSMATTA
RÄFSA
JORD
TERRASS
TRAMPOLIN
SLANG
FRUKTTRÄDGÅRD
VIN

63 - Santé et Bien Être #1

P	G	J	B	K	B	J	T	S	U	X	I	A	N	B
L	R	F	E	D	L	C	X	B	J	S	I	Z	F	E
B	L	W	N	D	S	I	V	L	Ä	K	A	R	E	H
V	A	I	T	P	U	V	N	I	C	I	D	E	M	A
B	A	K	T	E	R	I	E	I	C	I	A	J	H	N
J	N	F	H	A	I	T	I	R	K	T	K	B	U	D
K	A	Z	O	F	V	K	E	N	T	R	S	T	N	L
W	V	M	R	R	X	A	J	R	F	V	R	T	G	I
H	U	D	M	A	A	K	T	A	A	F	B	R	E	N
A	I	J	O	K	X	M	P	V	H	P	O	E	R	G
P	D	Ö	N	T	E	L	S	I	K	C	I	F	D	J
O	M	H	E	U	Y	K	G	N	I	N	L	L	Å	H
T	T	V	R	R	B	M	N	B	K	L	L	E	B	D
E	Y	I	X	N	D	E	L	A	Y	W	P	X	G	T
K	E	I	H	M	U	S	K	L	E	R	I	E	D	C

AKTIV
BAKTERIE
SKADA
KLINIK
HUNGER
FRAKTUR
VANA
HÖJD
HORMONER
LÄKARE
MEDICIN
MUSKLER
BEN
HUD
APOTEK
HÅLLNING
REFLEX
TERAPI
BEHANDLING
VIRUS

64 - Barbecues

S	K	Y	C	K	L	I	N	G	Y	Y	V	X	D	L
P	A	J	B	R	U	Z	H	C	M	T	C	K	E	Ö
Z	X	L	A	Y	T	D	L	T	H	W	J	G	O	K
U	G	D	T	K	U	R	F	G	N	U	X	R	T	I
S	A	L	L	A	D	E	R	P	L	P	A	Ö	O	S
Å	D	E	P	Z	Y	B	A	A	U	E	R	N	M	U
S	D	P	A	W	O	F	M	E	N	P	N	S	A	M
H	I	S	B	A	R	N	M	W	C	P	F	A	T	N
G	M	E	A	O	E	L	O	R	H	A	F	K	E	V
G	R	U	J	W	G	L	S	A	A	R	A	E	R	N
K	Y	I	R	E	N	Z	K	Y	W	V	M	R	Z	M
X	F	D	L	L	U	P	Y	O	P	C	I	U	Y	K
V	U	T	B	L	H	U	Z	T	I	B	L	N	R	F
Z	Y	V	W	K	N	I	V	A	R	R	J	R	T	F
G	Y	V	V	T	H	T	Z	W	L	N	V	H	A	B

VARM
KNIVAR
LUNCH
MIDDAG
BARN
SOMMAR
HUNGER
FAMILJ
FRUKT
GRILL
SPEL
GRÖNSAKER
MUSIK
LÖK
PEPPAR
KYCKLING
SALLADER
SÅS
SALT
TOMATER

65 - Forêt Tropicale

A	Y	R	E	S	T	A	U	R	E	R	I	N	G	M
O	M	O	S	S	A	M	O	T	L	V	S	G	E	Å
A	M	F	I	B	I	E	R	U	T	A	N	E	I	N
T	U	I	B	R	A	I	D	P	W	V	M	M	N	G
B	I	T	D	B	L	M	T	G	B	Ä	O	E	S	F
F	E	L	E	G	N	U	J	D	O	R	L	N	E	A
I	Å	V	L	R	G	C	H	X	T	D	N	S	K	L
B	X	G	A	F	D	Z	Y	M	A	E	K	K	T	D
M	D	P	L	R	L	Y	N	C	N	F	L	A	E	R
S	V	E	Y	A	A	Y	O	O	I	U	I	P	R	W
V	C	P	M	E	R	N	K	H	S	L	M	V	N	Z
I	N	H	E	M	S	K	D	T	K	L	A	V	J	M
B	W	G	X	Z	A	R	T	E	K	E	T	E	A	G
O	L	M	G	X	R	E	S	P	E	K	T	D	E	Z
D	Ä	G	G	D	J	U	R	S	F	H	H	B	G	H

AMFIBIER
BOTANISK
KLIMAT
GEMENSKAP
MÅNGFALD
ART
INHEMSK
INSEKTER
DJUNGEL
DÄGGDJUR
MOSSA
NATUR
MOLN
FÅGLAR
VÄRDEFULL
BEVARANDE
TILLFLYKT
RESPEKT
RESTAURERING

66 - Ferme #1

H	Y	F	L	T	X	L	F	Y	V	D	B	S	R	J
V	O	E	L	D	E	N	H	W	K	Y	A	A	Z	O
U	B	N	G	Ö	D	S	E	L	R	Z	W	Z	F	R
N	I	K	U	R	B	D	R	O	J	P	M	G	N	K
I	E	X	O	N	O	S	I	B	G	J	Z	G	L	R
H	Ä	S	T	E	G	R	F	D	N	D	T	K	V	Å
G	N	D	J	F	Z	I	F	Ä	I	D	O	H	Ö	K
V	A	T	T	E	N	S	L	T	L	X	J	U	T	A
L	N	E	T	J	F	J	O	H	K	T	F	X	M	U
A	S	K	X	A	N	I	C	U	C	U	C	J	K	F
K	Å	A	E	H	K	R	K	N	Y	U	J	F	K	D
R	V	T	W	K	O	H	U	D	K	S	E	S	L	M
L	V	S	U	Z	Y	B	U	C	P	A	C	B	H	Y
X	Y	D	S	N	Y	K	H	L	K	C	G	X	O	W
C	V	S	V	Z	T	X	U	M	S	O	A	H	C	A

BI
JORDBRUK
ÅSNA
BISONOXE
FÄLT
KATT
HÄST
GET
HUND
STAKET

KRÅKA
VATTEN
GÖDSEL
HÖ
HONUNG
KYCKLING
RIS
FLOCK
KO
KALV

67 - Café

B	A	M	D	M	E	R	T	Y	I	V	H	M	Y	H
Y	I	K	Z	B	M	N	Y	H	A	Ä	I	W	P	F
S	A	T	A	O	G	R	S	R	J	T	G	W	X	I
M	X	M	T	N	N	I	S	U	X	S	A	F	D	Y
J	G	X	V	E	U	G	K	F	D	K	C	Y	R	D
Ö	R	Y	A	V	R	D	W	S	G	A	X	T	U	X
L	Ä	P	A	J	P	G	O	V	N	S	T	R	S	K
K	D	K	S	R	S	T	S	A	Ä	L	D	S	N	G
M	D	I	M	A	R	A	V	T	M	I	T	V	O	F
P	E	K	H	X	U	U	A	T	P	P	G	U	P	R
V	R	E	K	C	O	S	R	E	P	A	C	G	C	E
C	E	I	O	I	F	U	T	N	O	G	R	O	M	T
T	U	U	S	F	W	S	M	A	K	W	K	D	O	L
K	O	F	F	E	I	N	S	X	G	L	D	X	R	I
W	B	J	W	E	S	W	A	C	J	N	V	L	A	F

SUR
BITTER
AROM
DRYCK
KOFFEIN
GRÄDDE
VATTEN
FILTER
MJÖLK
VÄTSKA
MORGON
SLIPA
SVART
URSPRUNG
PRIS
ROSTAD
SMAK
SOCKER
KOPP
MÄNGD

68 - Antarctique

G	R	E	L	A	R	E	N	I	M	X	K	M	M	V
L	A	C	X	B	S	I	T	H	T	X	K	I	S	E
A	L	Y	K	P	S	O	S	Y	T	H	W	L	S	T
C	G	X	T	N	E	N	I	T	N	O	K	J	T	E
I	Å	T	T	H	U	D	K	Y	Z	A	O	Ö	U	N
Ä	F	L	M	O	C	U	I	W	D	G	S	F	S	S
R	V	A	L	A	R	P	V	T	N	U	M	O	V	K
E	G	E	O	G	R	A	F	I	I	Y	A	R	S	A
R	B	E	V	A	R	A	N	D	E	O	G	S	T	P
V	T	E	M	P	E	R	A	T	U	R	N	K	E	L
X	A	T	O	P	O	G	R	A	F	I	W	A	N	I
L	T	T	M	V	E	V	S	T	M	E	D	R	I	G
K	K	E	T	Z	Ö	A	R	S	M	M	W	E	G	Y
S	T	G	W	E	D	B	C	O	P	Z	X	D	V	O
H	A	L	V	Ö	N	O	I	T	A	R	G	I	M	V

VIK
VALAR
FORSKARE
BEVARANDE
KONTINENT
VATTEN
MILJÖ
EXPEDITION
GEOGRAFI
IS
GLACIÄRER
ÖAR
MIGRATION
MINERALER
FÅGLAR
HALVÖ
STENIG
VETENSKAPLIG
TEMPERATUR
TOPOGRAFI

69 - Professions #2

B	T	S	I	L	A	N	R	U	O	J	V	L	U	A
F	U	L	N	D	E	T	E	K	T	I	V	Ä	T	B
A	A	J	G	O	L	O	I	B	X	S	R	R	R	I
F	N	R	E	M	D	L	Y	I	P	L	J	A	E	B
O	O	X	N	A	E	I	W	W	S	W	C	R	D	L
R	R	N	J	Y	R	P	I	O	O	A	V	E	A	I
S	T	E	Ö	F	A	R	G	O	T	O	F	R	R	O
K	S	F	R	C	K	I	R	U	R	G	L	A	E	T
A	A	I	N	A	Ä	G	N	C	R	A	I	K	H	E
R	L	L	X	I	L	Z	W	E	L	Z	N	Ä	H	K
E	E	O	W	H	D	Å	S	X	J	O	G	L	V	A
J	F	S	K	N	N	M	M	T	S	O	V	K	U	R
G	M	O	A	I	A	H	J	K	E	L	I	J	N	I
N	I	F	U	L	T	W	A	J	G	O	S	Y	U	E
U	P	P	F	I	N	N	A	R	E	G	T	C	R	P

ASTRONAUT
BIBLIOTEKARIE
BIOLOG
FORSKARE
KIRURG
TANDLÄKARE
DETEKTIV
UTREDARE
LÄRARE
INGENJÖR
UPPFINNARE
JOURNALIST
LINGVIST
LÄKARE
MÅLARE
FILOSOF
FOTOGRAF
PILOT
ZOOLOG

70 - Les Abeilles

W	O	C	E	H	O	H	K	G	F	J	W	S	W	M
H	O	I	K	Ö	R	L	O	N	B	I	K	U	P	A
X	C	M	O	T	O	B	M	N	E	L	L	O	P	M
Ö	J	F	S	J	N	E	C	Z	U	Y	X	R	T	M
J	O	N	Y	I	K	A	S	O	L	N	T	W	R	O
L	V	G	S	U	I	X	L	J	J	F	G	A	C	L
I	G	X	T	A	M	R	Ä	V	S	W	S	E	K	B
M	N	R	E	T	X	Ä	V	V	G	L	E	H	J	L
S	I	S	M	T	R	K	D	L	A	F	G	N	Å	M
V	N	B	E	P	M	C	O	C	V	X	V	I	P	D
I	T	Y	T	K	U	R	F	Y	I	H	X	J	H	H
L	T	M	X	S	T	S	T	E	N	I	K	L	P	Y
R	O	B	E	D	N	A	R	Ö	G	L	Ä	V	H	M
N	R	O	M	M	O	L	B	T	A	V	M	G	H	X
J	D	R	Å	G	D	Ä	R	T	R	K	J	L	A	M

VINGAR
VÄLGÖRANDE
VAX
MÅNGFALD
SVÄRM
EKOSYSTEM
BLOMMA
BLOMMOR
FRUKT
RÖK
LIVSMILJÖ
INSEKT
TRÄDGÅRD
HONUNG
MAT
VÄXTER
POLLEN
DROTTNING
BIKUPA
SOL

71 - Santé et Bien Être #2

S	A	N	A	T	O	M	I	M	G	E	E	X	Å	A
T	J	S	V	Y	M	N	G	A	E	Z	J	Y	T	P
N	B	U	W	Y	U	I	R	S	N	V	C	I	E	T
Z	Ä	W	K	Z	M	D	E	S	E	I	W	D	R	I
O	F	R	B	D	S	A	N	A	T	T	F	B	H	T
A	K	E	I	D	O	J	E	G	I	A	R	V	Ä	K
G	N	X	M	N	X	M	U	E	K	M	I	R	M	I
H	O	M	P	C	G	W	T	K	L	I	S	L	T	V
C	I	C	P	S	S	P	L	S	H	N	K	C	N	Z
U	T	T	O	R	K	N	I	N	G	U	A	B	I	M
I	K	K	R	G	C	E	S	N	E	J	S	L	N	U
H	E	G	K	B	N	I	R	O	L	A	K	O	G	M
W	F	C	H	H	I	G	R	E	L	L	A	D	L	A
D	N	X	X	T	P	Y	R	R	I	L	N	F	C	C
T	I	J	E	R	V	H	Z	Y	A	C	M	V	C	S

ALLERGI
ANATOMI
APTIT
KALORI
KROPP
UTTORKNING
ENERGI
GENETIK
SJUKHUS
HYGIEN
INFEKTION
SJUKDOM
MASSAGE
NÄRING
VIKT
ÅTERHÄMTNING
FRISKA
BLOD
VITAMIN

72 - Conduite

K	A	R	T	A	M	S	B	K	N	G	I	D	K	Z
I	K	R	E	E	R	O	B	R	K	A	B	V	I	I
F	C	O	U	L	H	L	T	R	O	S	U	N	G	T
A	Y	B	P	I	N	R	S	O	X	M	F	A	R	A
R	L	I	P	B	H	O	E	V	R	H	S	X	R	D
T	O	L	E	T	P	T	E	K	G	C	Y	A	T	E
T	R	A	N	S	P	O	R	T	Ä	I	Y	H	R	W
Z	F	M	E	A	B	M	A	C	Z	S	G	K	C	O
G	G	E	F	L	M	U	G	P	I	H	T	I	E	E
A	B	M	V	V	C	L	N	O	Z	U	N	Z	S	L
R	C	L	X	G	V	J	Ä	L	E	N	N	U	T	S
A	K	P	V	T	E	H	G	I	T	S	A	H	K	N
G	S	O	E	K	A	M	T	S	N	E	C	I	L	Ä
E	S	A	F	J	S	I	O	A	U	B	J	G	K	R
S	J	V	Ä	G	R	D	F	R	L	D	O	P	E	B

OLYCKA
LASTBIL
BRÄNSLE
KARTA
FARA
BROMSAR
GARAGE
GAS
LICENS
MOTOR
MOTORCYKEL
FOTGÄNGARE
POLIS
VÄG
SÄKERHET
TRAFIK
TRANSPORT
TUNNEL
HASTIGHET
BIL

73 - Plantes

O	T	K	R	E	V	V	Ö	L	G	G	J	J	W	P
F	T	R	R	J	R	X	L	E	H	V	U	M	T	Z
P	O	Ä	Ä	O	R	L	Y	S	Ä	R	G	X	B	Z
M	N	B	M	D	N	K	T	D	M	W	N	H	J	I
W	O	A	D	U	G	B	D	Ö	S	Z	R	X	C	L
M	Z	H	L	B	R	Å	L	G	M	Z	P	J	D	X
A	A	K	C	A	F	G	R	A	R	O	L	F	B	I
B	L	O	M	M	A	O	R	D	D	Y	B	C	O	T
R	O	T	W	R	B	K	P	Ö	M	Y	U	U	T	R
E	B	Ö	N	A	S	S	O	M	N	X	S	J	A	Ä
G	A	R	M	W	U	B	M	A	B	A	K	G	N	D
N	O	I	T	A	T	E	G	E	V	S	E	G	I	S
B	R	I	W	S	K	T	O	A	Ä	R	M	D	K	M
M	Z	W	L	X	A	C	I	N	X	U	R	B	H	A
T	X	D	J	K	K	U	R	E	A	D	E	O	X	R

TRÄD
BÄR
BAMBU
BOTANIK
BUSKE
KAKTUS
GÖDSEL
LÖVVERK
BLOMMA
FLORA
SKOG
VÄXA
BÖNA
GRÄS
TRÄDGÅRD
MURGRÖNA
MOSSA
KRONBLAD
ROT
VEGETATION

74 - Ferme #2

F	R	U	K	T	T	R	Ä	D	G	Å	R	D	M	A
B	F	M	L	O	A	C	T	G	O	F	X	T	A	B
V	Y	B	A	M	A	L	M	A	T	F	J	B	J	B
E	I	Z	D	S	B	O	N	D	E	B	R	P	S	A
T	Z	K	A	P	U	K	I	B	A	N	K	A	Z	N
E	N	P	R	A	L	Ä	N	G	U	S	P	A	F	O
H	E	R	D	E	I	F	F	Å	R	L	A	M	M	C
T	E	R	O	T	K	A	R	T	X	X	J	N	R	O
F	E	K	M	K	L	T	D	U	I	Y	X	G	W	P
A	H	N	C	A	Ö	N	T	J	K	K	K	I	M	J
K	Z	A	B	S	J	R	H	S	U	T	H	C	D	S
I	J	I	G	N	M	J	D	B	B	R	R	F	F	R
T	J	B	Z	Ö	H	J	L	P	P	H	Y	I	T	C
G	L	N	C	R	Y	B	O	R	P	L	T	Z	P	H
N	G	U	T	G	N	I	N	T	T	A	V	E	B	R

LAMM
BONDE
DJUR
HERDE
VETE
ANKA
FRUKT
LADA
BEVATTNING
MJÖLK
LAMA
GRÖNSAK
MAJS
FÅR
MAT
KORN
ÄNG
BIKUPA
TRAKTOR
FRUKTTRÄDGÅRD

75 - Vacances #2

F	Y	N	Z	P	F	T	T	H	D	W	H	M	B	P
R	L	D	W	G	D	R	A	T	O	N	A	K	S	N
E	L	Y	Y	P	Y	O	X	F	U	T	V	I	V	D
S	K	V	G	Z	K	P	I	R	T	L	E	R	R	E
E	X	K	J	P	R	S	T	I	L	Ä	G	L	G	S
R	L	L	R	C	L	N	Y	T	Ä	T	F	O	L	T
V	D	C	E	E	D	A	A	I	N	O	V	I	D	I
A	S	H	T	Ö	S	R	T	D	N	P	B	D	R	N
T	O	I	S	G	D	T	R	S	I	T	Å	G	P	A
I	A	C	E	N	C	Y	A	B	N	Z	L	K	W	T
O	Z	L	M	I	Y	J	K	U	G	G	A	J	T	I
N	S	Z	E	P	A	S	S	D	R	N	O	Y	Y	O
E	Y	P	S	M	V	I	S	U	M	A	J	K	Z	N
R	L	L	C	A	S	T	R	A	N	D	N	T	M	E
R	E	S	A	C	L	P	Y	X	P	X	B	G	V	V

FLYGPLATS
CAMPING
KARTA
DESTINATION
UTLÄNNING
HOTELL
FRITID
HAV
PASS
STRAND
RESTAURANG
RESERVATIONER
TAXI
TÄLT
TÅG
TRANSPORT
SEMESTER
VISUM
RESA

76 - Éthique

T	I	L	L	U	F	T	K	E	P	S	E	R	O	N
V	N	V	T	M	M	O	X	Z	E	V	D	U	N	U
Ä	T	E	H	G	I	L	R	Ä	D	H	L	T	O	E
R	E	F	Y	Z	K	E	I	B	V	H	D	E	V	V
D	G	I	L	M	I	R	A	I	H	V	F	T	K	R
I	R	Z	X	O	E	A	O	P	T	I	M	I	S	M
G	I	D	I	D	O	N	E	W	M	A	T	L	I	S
H	T	Y	A	S	J	S	I	B	E	L	Å	A	T	I
E	E	N	L	I	L	T	V	V	D	T	L	N	A	L
T	T	X	P	V	A	N	I	U	K	R	A	O	M	A
S	A	M	A	R	B	E	T	E	Ä	U	M	I	O	E
V	Ä	N	L	I	G	H	E	T	N	I	O	T	L	R
F	I	L	O	S	O	F	I	M	S	S	D	A	P	O
A	I	G	V	Ä	R	D	E	N	L	M	P	R	I	E
V	K	S	U	D	B	R	T	J	A	T	C	B	D	G

ALTRUISM
MEDKÄNSLA
SAMARBETE
VÄRDIGHET
DIPLOMATISK
VÄNLIGHET
ÄRLIGHET
INTEGRITET
OPTIMISM
TÅLAMOD
FILOSOFI
RIMLIG
RATIONALITET
RESPEKTFULL
REALISM
VISDOM
TOLERANS
VÄRDEN

77 - Temps

O	N	F	P	Å	D	S	N	A	R	T	U	N	I	M
Å	X	R	F	R	R	U	F	U	S	T	V	O	W	Y
R	G	A	I	M	E	T	G	U	S	A	V	G	N	G
C	J	M	G	V	T	O	I	Z	D	N	A	R	Z	K
N	U	T	Å	N	F	A	L	O	A	H	J	O	D	H
L	U	I	R	E	E	A	R	E	N	O	H	M	E	U
F	W	D	I	B	S	Y	Å	P	Å	D	K	T	P	E
K	L	O	C	K	A	T	I	M	M	E	E	H	F	I
O	Z	S	D	J	U	G	D	A	G	S	B	C	P	Z
K	A	L	E	N	D	E	R	F	A	F	S	Z	F	Y
V	K	Y	S	O	U	P	P	V	D	H	M	Y	I	D
K	E	X	D	R	T	L	C	O	D	G	N	A	M	Y
N	L	C	C	J	H	V	J	M	I	G	F	Ö	R	E
J	S	A	K	I	C	V	D	M	M	I	L	S	B	M
K	T	V	H	A	Å	R	H	U	N	D	R	A	D	E

ÅR
ÅRLIG
EFTER
FÖRE
SNART
KALENDER
ÅRTIONDE
FRAMTID
TIMME
IGÅR

KLOCKA
DAG
NU
MORGON
MIDDAG
MINUT
MÅNAD
NATT
VECKA
ÅRHUNDRADE

78 - Maison

M	A	T	T	A	S	E	S	K	A	T	M	B	B	V
F	D	V	R	C	P	D	T	V	C	R	D	T	D	Ä
S	Ö	U	V	M	E	L	R	A	L	K	C	Y	N	G
K	B	N	C	K	G	O	T	S	X	V	H	R	I	G
O	A	S	S	P	E	M	R	T	E	V	M	R	V	B
R	R	Ö	D	T	L	K	Ä	S	S	W	B	A	Z	I
S	W	D	E	B	E	B	D	L	P	E	G	C	C	B
T	S	L	H	I	O	R	G	R	A	D	E	K	I	L
E	G	A	R	A	G	X	Å	Z	C	M	X	K	K	I
N	I	T	A	C	F	P	R	Z	L	U	P	P	Ä	O
K	C	L	R	U	I	U	D	I	K	R	K	A	L	T
S	T	A	K	E	T	L	K	H	U	M	M	T	L	E
K	O	D	U	S	C	H	L	Ö	X	K	K	C	A	K
G	A	R	D	I	N	E	R	P	K	L	S	C	R	V
V	L	Y	F	W	V	T	H	U	K	N	Z	P	E	B

KVAST
BIBLIOTEK
RUM
SKORSTEN
NYCKLAR
STAKET
KÖK
DUSCH
FÖNSTER
GARAGE
VIND
TRÄDGÅRD
LAMPA
SPEGEL
VÄGG
DÖRR
GARDINER
KÄLLARE
MATTA
TAK

79 - Légumes

S	C	H	A	L	O	T	T	E	N	L	Ö	K	C	G
N	A	K	C	O	K	S	T	R	Ä	N	O	R	K	P
E	V	W	J	X	S	I	A	Z	Ä	E	U	R	V	N
A	O	L	P	K	K	A	M	P	G	D	Z	E	A	E
C	R	J	F	J	E	P	O	U	X	Z	I	B	T	X
C	W	A	G	W	K	O	T	M	Ä	G	L	S	N	J
T	N	D	O	B	I	K	Y	P	S	R	P	P	A	V
I	N	G	E	F	Ä	R	A	A	P	E	T	M	L	I
A	G	I	A	J	W	E	K	J	E	S	X	A	P	T
Y	F	P	Y	J	M	I	R	L	N	E	A	V	G	L
F	Y	K	A	C	W	M	U	I	A	L	T	S	G	Ö
R	S	A	L	L	A	D	G	S	T	L	O	I	Ä	K
B	R	O	C	C	O	L	I	R	Y	E	R	L	E	X
A	T	M	Z	S	R	U	X	E	U	R	O	A	I	B
L	Ö	K	W	U	Y	D	K	P	N	I	M	V	F	V

VITLÖK
KRONÄRTSKOCKA
ÄGGPLANTA
BROCCOLI
MOROT
SELLERI
SVAMP
PUMPA
GURKA
SCHALOTTENLÖK
SPENAT
INGEFÄRA
ROVA
LÖK
OLIV
PERSILJA
ÄRTA
RÄDISA
SALLAD
TOMAT

80 - Famille

Z	N	R	A	B	N	O	K	S	Y	S	B	B	D	F
D	T	O	M	O	S	T	E	R	W	T	A	A	L	Ö
C	G	R	E	A	D	E	S	D	R	A	R	R	C	R
M	V	B	X	D	K	D	A	W	P	N	N	N	G	F
S	U	R	L	J	R	O	Z	M	V	X	V	B	T	A
I	M	A	P	G	E	R	B	U	A	A	D	A	H	D
X	H	F	X	I	T	O	T	R	M	K	A	R	I	E
X	X	H	A	L	T	M	O	R	O	G	E	N	R	R
W	T	W	U	R	O	R	B	A	D	R	O	M	X	X
N	S	N	R	E	D	O	M	F	N	I	S	U	K	N
U	G	L	F	D	N	M	S	R	R	U	V	O	V	Y
H	J	A	A	A	H	T	U	A	A	H	M	D	N	B
U	Y	M	H	F	B	Y	T	F	B	T	P	A	H	W
F	I	B	G	S	Y	S	T	E	R	X	H	H	V	W
B	W	W	L	G	Z	S	Y	Z	O	S	M	B	D	Z

FÖRFADER
KUSIN
BARNDOM
BARN
FRU
DOTTER
BROR
MORMOR
FARFAR
MAKE
MODERNS
MOR
BRORSON
SYSKONBARN
FARBROR
FADERLIG
BARNBARN
FAR
SYSTER
MOSTER

81 - Oiseaux

K	F	L	A	M	I	N	G	O	P	D	T	A	R	X
L	Y	V	N	I	Z	R	Y	C	J	T	W	U	P	C
B	M	C	F	K	L	Ö	U	V	X	S	K	G	R	L
E	U	V	K	U	S	C	V	G	U	R	N	Ä	E	C
W	P	B	V	L	C	M	O	J	I	N	U	N	G	J
H	G	V	M	A	I	T	I	Z	H	B	T	T	Ä	G
Z	H	B	F	Z	R	N	C	Z	N	T	P	I	H	W
S	M	C	L	H	X	A	G	W	T	O	U	C	A	N
U	T	T	U	W	T	V	O	P	C	M	H	F	S	T
G	P	O	K	I	E	S	Y	N	I	V	G	N	I	P
Å	S	G	P	K	R	O	T	S	T	U	R	T	S	G
S	T	K	A	N	K	A	M	R	U	X	M	A	W	X
P	A	P	E	G	O	J	A	T	M	K	O	R	P	U
P	E	L	I	K	A	N	G	X	F	Ö	U	B	Y	S
M	Å	S	B	D	U	V	A	L	E	G	Å	F	Å	P

ÖRN
STRUTS
ANKA
STORK
DUVA
KORP
GÖK
SVAN
FLAMINGO
HÄGER
PINGVIN
SPARV
MÅS
ÄGG
GÅS
PÅFÅGEL
PAPEGOJA
PELIKAN
KYCKLING
TOUCAN

82 - Disciplines Scientifiques

L	M	I	N	E	R	A	L	O	G	I	F	N	K	T
G	I	Z	G	S	N	S	W	W	Y	M	Y	U	E	E
Y	E	N	P	O	Z	U	C	R	A	E	S	Y	M	R
S	G	O	G	P	L	O	K	N	X	K	I	A	I	M
L	J	M	L	V	F	O	J	J	H	O	O	N	M	O
I	G	O	L	O	I	B	R	H	S	I	L	A	E	D
Z	I	O	I	G	G	S	X	O	G	B	O	T	K	Y
N	G	K	M	X	L	I	T	W	E	R	G	O	A	N
S	O	J	O	U	R	G	Y	I	V	T	I	M	N	A
X	L	P	N	S	Y	O	Z	P	K	S	E	I	I	M
B	O	B	O	U	L	L	P	I	K	G	X	M	K	I
N	E	U	R	O	L	O	G	I	P	Y	H	K	I	K
R	K	E	T	N	H	K	B	O	T	A	N	I	K	T
K	R	Y	S	M	Y	E	Z	O	O	L	O	G	I	Z
X	A	J	A	S	O	C	I	O	L	O	G	I	S	Y

ANATOMI
ARKEOLOGI
ASTRONOMI
BIOKEMI
BIOLOGI
BOTANIK
KEMI
EKOLOGI
GEOLOGI

LINGVISTIK
MEKANIK
METEOROLOGI
MINERALOGI
NEUROLOGI
FYSIOLOGI
SOCIOLOGI
TERMODYNAMIK
ZOOLOGI

83 - Maladie

L	Y	L	W	F	S	L	L	W	H	A	U	V	Y	D
G	E	N	E	T	I	S	K	O	X	J	K	L	N	M
F	N	E	G	G	Y	R	D	N	Ä	L	Ä	U	P	N
I	N	F	L	A	M	M	A	T	I	O	N	R	T	B
C	K	S	L	V	O	K	W	H	B	U	K	E	T	N
H	R	M	E	S	R	N	Z	Ä	T	V	N	I	F	A
Ä	O	I	N	K	D	X	A	R	E	Z	E	G	K	N
L	P	T	O	P	N	E	B	F	R	X	Y	R	R	E
S	P	T	M	V	Y	K	C	T	A	J	J	E	O	U
A	R	S	L	I	S	P	X	L	P	G	N	L	N	R
T	F	A	U	N	F	Z	F	I	I	F	A	L	I	O
T	V	M	P	M	B	O	G	G	S	X	L	A	S	P
R	E	S	P	I	R	A	T	O	R	I	S	K	K	A
I	M	M	U	N	I	T	E	T	O	Y	G	K	G	T
J	V	M	G	D	M	D	N	K	H	H	O	M	W	I

BUK
AKUT
ALLERGIER
KRONISK
SMITTSAM
KROPP
HJÄRTA
SVAG
GENETISK
ÄRFTLIG
IMMUNITET
INFLAMMATION
LÄNDRYGGEN
NEUROPATI
BEN
PULMONELL
RESPIRATORISK
HÄLSA
SYNDROM
TERAPI

84 - Univers

D	A	G	T	E	L	E	S	K	O	P	V	H	X	L
J	S	M	Ö	R	K	E	R	J	J	W	M	E	N	O
U	T	A	T	M	O	S	F	Ä	R	F	E	N	I	N
R	E	M	G	D	T	H	I	M	M	E	L	Å	I	G
K	R	J	C	N	A	S	T	R	O	N	O	M	W	I
R	O	U	S	Å	N	R	O	T	A	V	K	E	N	T
E	I	C	W	T	A	H	G	I	L	N	Y	S	M	U
T	D	X	M	S	B	H	A	D	R	N	P	G	G	D
S	M	H	V	L	S	S	O	L	D	N	V	T	A	B
E	N	F	A	O	P	O	B	R	V	E	K	W	L	N
N	O	V	T	S	P	B	H	Y	I	K	R	L	A	U
K	Y	D	S	Y	O	G	D	Y	A	S	L	B	X	V
Z	L	I	X	J	L	O	S	W	L	S	O	O	S	E
D	S	K	S	I	M	S	O	K	S	Y	P	N	T	R
H	C	C	I	M	O	N	O	R	T	S	A	L	T	Z

ASTEROID
ASTRONOM
ASTRONOMI
ATMOSFÄR
HIMMEL
KOSMISK
EKVATOR
GALAX
HALVKLOT
HORISONT
BREDDGRAD
LONGITUD
MÅNE
MÖRKER
OMLOPPSBANA
SOL
SOLSTÅND
TELESKOP
SYNLIG
DJURKRETSEN

85 - Géographie

L	S	T	A	D	K	F	S	L	D	J	N	P	W	P
O	N	L	A	P	W	O	C	V	O	K	K	H	M	B
Y	V	O	N	N	D	T	N	C	O	T	M	P	X	N
S	G	O	V	L	B	P	L	T	A	T	L	A	S	U
I	J	E	Ö	V	Ä	S	T	O	I	U	O	B	P	W
D	O	L	F	H	V	M	X	O	N	N	N	O	R	R
V	A	H	L	A	N	D	J	Ö	H	G	E	P	Z	A
T	E	R	R	I	T	O	R	I	U	M	I	N	W	R
O	D	E	G	E	D	S	S	J	W	I	Y	T	T	F
L	Å	D	N	D	B	E	R	G	C	X	U	F	U	N
K	R	Ö	K	L	D	K	K	I	D	J	G	Y	U	D
V	M	S	S	R	T	E	M	E	R	I	D	I	A	N
L	O	A	A	Ä	F	E	R	R	O	E	E	R	U	C
A	S	W	E	V	B	Y	K	B	W	B	F	N	B	R
H	K	A	R	T	A	B	C	Y	X	G	J	U	F	J

HÖJD
ATLAS
KARTA
KONTINENT
FLOD
HALVKLOT
BREDDGRAD
LONGITUD
HAV
MERIDIAN
VÄRLD
BERG
NORR
VÄST
LAND
OMRÅDE
SÖDER
TERRITORIUM
STAD

86 - Danse

A	K	A	D	E	M	I	N	P	H	V	J	W	M	R
P	I	T	R	A	D	I	T	I	O	N	E	L	L	E
P	S	Z	K	K	U	L	T	U	R	E	L	L	T	P
O	U	M	L	I	L	N	K	R	O	P	P	V	G	E
H	M	P	A	T	L	K	Å	O	G	X	W	M	W	T
G	K	R	S	Y	U	U	P	D	D	Y	T	M	W	I
L	O	Ö	S	O	F	L	F	R	R	Y	J	I	Z	T
A	R	R	I	B	S	T	G	W	E	F	Y	O	C	I
D	E	E	S	G	K	U	S	K	Ä	N	S	L	A	O
U	O	L	K	R	C	R	M	D	F	E	T	R	M	N
H	G	S	F	K	Y	B	R	W	W	C	L	R	L	M
I	R	E	R	U	R	T	S	N	O	K	C	R	A	M
G	A	N	N	G	T	E	M	K	H	B	H	O	B	P
F	F	D	B	O	T	H	Å	L	L	N	I	N	G	P
M	I	Z	C	L	U	R	R	V	I	S	U	E	L	L

AKADEMI
KONST
KOREOGRAFI
KLASSISK
KROPP
KULTUR
KULTURELL
UTTRYCKSFULL
KÄNSLA
NÅD
GLAD
RÖRELSE
MUSIK
PARTNER
HÅLLNING
REPETITION
RYTM
HOPPA
TRADITIONELL
VISUELL

87 - Bâtiments

O	C	Y	M	U	H	M	M	P	H	M	D	I	M	I
S	G	T	E	H	N	E	G	Ä	L	U	F	T	L	X
U	T	A	J	F	R	I	C	J	N	S	E	O	A	V
H	S	U	H	U	J	N	V	R	R	E	T	A	E	T
K	L	P	G	U	T	R	S	E	Z	U	B	I	O	E
U	O	B	W	A	J	P	W	G	R	M	X	V	W	F
J	T	S	S	N	O	I	D	A	T	S	K	O	P	J
S	T	P	W	R	V	R	Y	R	M	H	I	M	I	W
L	L	E	T	O	H	Ä	B	A	G	Z	R	T	L	K
O	A	A	V	T	C	F	K	G	H	Y	B	T	E	R
D	N	D	G	P	S	F	K	D	Z	C	A	Ä	S	T
Z	K	D	A	S	S	A	B	M	A	J	F	L	K	A
L	A	B	O	R	A	T	O	R	I	U	M	T	O	X
O	B	S	E	R	V	A	T	O	R	I	U	M	L	Z
S	M	G	Z	D	W	M	A	Z	A	V	I	V	A	F

AMBASSAD
LÄGENHET
STUGA
SLOTT
BIO
SKOLA
GARAGE
LADA
SJUKHUS
HOTELL
LABORATORIUM
MUSEUM
OBSERVATORIUM
STADION
MATAFFÄR
TÄLT
TEATER
TORN
UNIVERSITET
FABRIK

88 - Livres

L	R	K	S	I	P	E	U	A	P	A	V	G	Y	R
Ä	G	T	I	S	E	O	P	Y	L	Z	E	P	M	O
S	K	N	D	O	G	L	O	K	X	L	Z	F	C	R
A	E	R	A	T	T	Ä	R	E	B	I	O	A	K	M
R	K	B	I	H	L	V	W	R	Y	T	N	E	V	Ä
E	E	S	T	Z	N	A	M	O	R	T	K	I	D	S
G	R	I	E	T	N	A	V	E	L	E	R	V	J	K
S	A	M	L	I	N	G	M	L	U	R	I	V	F	R
T	T	F	G	R	V	B	J	M	V	Ä	N	G	Z	I
R	T	E	T	I	L	A	U	D	A	R	Z	T	R	V
A	A	K	S	F	C	K	L	T	O	S	R	R	B	S
G	F	B	E	R	Ä	T	T	E	L	S	E	R	A	C
I	R	H	I	S	T	O	R	I	S	K	L	X	L	D
S	Ö	H	U	M	O	R	I	S	T	I	S	K	E	Z
K	F	R	M	F	G	G	X	S	H	R	Y	A	F	V

FÖRFATTARE
ÄVENTYR
SAMLING
SAMMANHANG
DUALITET
SKRIVS
EPISK
BERÄTTELSE
HISTORISK
HUMORISTISK
LÄSARE
LITTERÄR
BERÄTTARE
SIDA
RELEVANT
DIKT
POESI
ROMAN
RAD
TRAGISK

89 - Pays #2

I	L	T	Y	U	E	S	U	D	A	N	R	F	O	B
R	N	O	N	A	B	I	L	E	P	A	T	L	H	A
Y	A	D	N	A	G	U	K	O	R	D	T	V	T	W
S	P	W	O	C	F	F	O	P	H	E	F	V	F	E
S	A	I	C	N	I	T	R	V	S	Y	R	I	E	N
L	J	R	I	P	E	Y	A	A	I	L	A	M	O	S
A	N	L	X	A	J	S	C	D	N	K	E	N	Y	A
N	G	A	E	K	K	A	I	H	A	K	F	I	V	E
D	W	N	M	I	I	U	A	E	C	N	R	T	M	K
C	R	D	A	S	Y	U	M	Z	N	U	M	I	U	R
V	A	J	X	T	H	G	A	N	I	K	P	A	K	Z
X	X	K	U	A	L	I	J	K	H	N	T	H	R	E
N	U	V	B	N	L	A	O	S	Z	M	T	P	J	K
I	V	P	W	D	A	L	B	A	N	I	E	N	Z	W
U	K	R	A	I	N	A	X	A	O	J	L	O	L	E

ALBANIEN
KINA
DANMARK
FRANKRIKE
HAITI
INDONESIEN
IRLAND
JAMAICA
JAPAN
KENYA
LAOS
LIBANON
MEXICO
UGANDA
PAKISTAN
RYSSLAND
SOMALIA
SUDAN
SYRIEN
UKRAINA

90 - Fournitures d'Art

A	Z	I	V	C	J	K	P	U	D	Y	V	X	O	L
K	I	M	I	L	B	A	X	L	U	A	H	Y	M	A
V	S	M	D	A	W	M	Z	X	P	E	N	N	O	R
A	C	U	M	W	B	E	R	B	I	R	S	W	T	E
R	E	G	R	Ä	F	R	A	E	U	A	V	V	P	É
E	K	D	E	T	R	A	O	G	S	T	O	L	S	D
L	K	D	P	C	Y	U	W	Y	S	S	B	L	A	I
L	B	U	P	P	X	B	F	Y	X	R	K	E	K	L
E	V	S	A	G	S	M	L	B	A	O	C	B	R	F
R	K	T	P	U	C	O	H	Z	H	B	I	A	Y	F
V	A	T	T	E	N	R	L	O	K	Ä	R	T	L	A
L	C	R	B	L	Ä	C	K	J	B	O	F	F	J	T
E	W	M	E	N	L	P	T	D	A	M	R	Ä	A	S
Y	A	V	T	L	Z	N	C	F	J	X	K	P	R	V
K	R	E	A	T	I	V	I	T	E	T	O	X	J	G

AKRYL
AKVARELLER
LERA
BORSTAR
KAMERA
STOL
TRÄKOL
STAFFLI
LIM
FÄRGER
PENNOR
KREATIVITET
VATTEN
BLÄCK
SUDDGUMMI
OLJA
IDÉER
PAPPER
FÄRG
TABELL

91 - Eau

D	O	L	F	O	R	J	O	C	T	U	S	V	J	Ö
S	R	F	O	F	R	T	S	B	F	U	J	B	C	V
F	S	I	M	B	K	K	S	W	B	N	F	Y	U	E
M	R	H	C	U	X	U	A	V	Å	G	O	R	W	R
L	D	O	T	K	G	F	T	N	U	S	N	O	M	S
Y	Ö	J	S	Z	B	P	A	D	X	I	D	F	F	V
G	N	I	N	T	T	A	V	E	B	S	N	Ö	W	Ä
D	U	S	C	H	T	T	R	E	S	J	E	G	N	M
L	V	L	K	J	B	I	H	A	V	T	V	D	U	N
O	P	A	V	D	U	N	S	T	N	I	N	G	M	I
O	J	N	J	Z	M	G	F	C	I	L	P	N	K	N
K	I	A	G	N	Å	E	I	O	A	Z	B	E	T	G
V	B	K	Z	Z	X	R	W	P	Z	P	I	D	B	E
T	U	Y	B	L	R	U	E	W	U	L	L	F	A	W
F	U	K	T	I	G	N	D	X	T	T	V	S	A	O

KANAL
DUSCH
AVDUNSTNING
FLOD
FROST
GEJSER
IS
FUKTIG
FUKT
ÖVERSVÄMNING
BEVATTNING
SJÖ
MONSUN
SNÖ
HAV
ORKAN
REGN
DRICKBAR
VÅGOR
ÅNGA

92 - Jazz

D	T	A	K	F	S	C	P	N	G	T	G	B	Z	Z
I	A	P	Ä	H	A	T	R	Y	E	Z	A	E	K	X
A	L	P	N	O	A	V	I	P	N	W	M	T	Å	L
K	A	L	D	C	Y	U	O	L	R	R	M	O	B	T
N	N	Å	R	H	Y	R	Y	R	E	Ä	A	N	X	J
J	G	D	B	U	V	Y	S	Ö	I	N	L	I	J	E
K	Z	E	R	E	N	T	R	T	U	T	E	N	Y	V
I	O	R	E	W	W	M	K	I	X	S	E	G	V	B
N	N	N	T	U	B	O	U	S	R	N	V	R	W	L
K	G	A	S	E	F	J	E	O	O	O	P	A	U	V
E	C	I	E	E	A	X	X	P	M	K	R	W	H	E
T	E	H	K	H	R	X	A	M	M	U	S	I	K	L
K	P	Y	R	I	G	T	O	O	U	A	L	B	U	M
S	E	C	O	O	P	E	V	K	R	H	L	U	W	I
I	M	P	R	O	V	I	S	A	T	I	O	N	X	F

BETONING
ALBUM
APPLÅDER
KONSTNÄR
KÄND
LÅT
KOMPOSITÖR
KONSERT
FAVORITER
GENRE
IMPROVISATION
MUSIK
NY
ORKESTER
RYTM
STIL
TALANG
TRUMMOR
TEKNIK
GAMMAL

93 - Paysages

X	R	Ö	K	E	N	A	K	L	U	V	O	P	P	N
Z	Ä	L	V	X	M	R	E	S	J	E	G	R	E	B
K	I	G	O	C	G	D	S	A	T	G	V	A	B	P
H	C	E	M	Z	B	H	C	O	G	R	G	R	L	K
X	A	W	T	H	C	U	A	T	K	L	A	D	D	U
C	L	L	T	Z	T	E	J	I	Y	L	L	N	Y	L
E	G	E	V	M	G	R	O	T	T	A	T	U	D	L
A	P	L	R	Ö	R	G	F	X	B	F	R	T	E	E
O	E	G	T	M	E	M	W	F	H	N	Ä	H	N	L
F	L	O	D	R	B	C	C	V	J	E	S	H	A	V
Z	N	P	O	H	S	G	F	L	T	T	K	V	F	P
F	R	V	U	A	I	J	P	J	L	T	T	R	X	Y
A	N	J	X	L	D	T	Ö	G	C	A	L	L	R	N
G	C	O	U	G	E	T	N	M	X	V	K	V	U	G
F	L	O	D	M	Y	N	N	I	N	G	Y	H	D	F

VATTENFALL
KULLE
ÖKEN
FLODMYNNING
FLOD
GEJSER
GLACIÄR
GROTTA
ISBERG
SJÖ
TRÄSK
HAV
BERG
OAS
HALVÖ
STRAND
TUNDRA
DAL
VULKAN

94 - Pays #1

F	O	I	A	D	A	N	A	K	I	L	E	N	V	O
A	I	L	C	F	E	A	V	Z	N	I	C	I	E	J
F	L	N	J	R	G	G	M	W	D	B	U	C	N	D
D	A	E	L	K	R	H	X	I	I	Y	A	A	E	I
F	M	I	E	A	O	M	A	K	E	E	D	R	Z	T
S	X	N	A	N	N	I	R	N	N	N	O	A	U	Y
O	L	A	R	I	E	D	U	E	I	J	R	G	E	S
O	M	P	S	T	L	B	M	I	P	S	H	U	L	K
O	K	S	I	N	O	P	Ä	L	A	O	T	A	A	L
Y	Y	C	L	E	P	A	N	I	N	P	Z	A	X	A
B	O	O	O	G	T	T	I	S	A	X	N	E	N	N
T	V	E	F	R	H	R	E	A	M	Z	T	G	X	D
N	M	A	P	A	A	A	N	R	A	Z	L	W	E	F
L	N	X	O	E	O	M	S	B	M	O	O	K	Z	C
F	I	L	I	P	P	I	N	E	R	N	A	D	V	D

AFGHANISTAN
TYSKLAND
ARGENTINA
BRASILIEN
KANADA
SPANIEN
ECUADOR
FINLAND
INDIEN
ISRAEL
LIBYEN
MALI
MAROCKO
NICARAGUA
NORGE
PANAMA
FILIPPINERNA
POLEN
RUMÄNIEN
VENEZUELA

95 - Nombres

A	D	Y	H	T	T	P	V	V	K	E	P	J	O	I
T	J	U	G	O	S	I	L	F	L	C	R	T	V	T
T	O	J	S	J	Z	X	O	E	Z	V	S	E	X	E
Å	V	T	Y	J	R	S	T	M	R	I	O	R	A	C
A	R	T	O	N	U	J	S	V	A	T	V	P	W	Z
J	Y	O	O	O	R	T	R	D	E	C	I	M	A	L
J	R	Y	U	T	K	P	T	N	D	F	N	U	Z	L
F	J	O	R	T	O	N	N	O	V	Y	O	V	W	I
J	O	F	F	E	A	L	I	S	N	R	L	G	K	G
Y	U	I	E	R	N	X	O	W	U	A	L	V	K	R
J	H	R	M	T	I	S	O	K	R	T	R	R	E	N
A	V	A	T	O	T	A	I	V	O	U	X	M	N	R
Y	E	V	O	D	T	D	W	S	E	X	T	O	N	O
S	B	G	N	R	O	B	I	W	D	D	S	T	Z	X
K	Y	F	T	K	N	W	B	A	M	L	X	V	T	I

FEM
TVÅ
DECIMAL
TIO
ARTON
NITTON
SJUTTON
TOLV
ÅTTA
NIO
FJORTON
FYRA
FEMTON
SEXTON
SJU
SEX
TRETTON
TRE
TJUGO
NOLL

96 - Psychologie

K	Ä	N	S	L	A	T	A	W	K	A	E	V	U	M
K	V	S	S	Y	A	Y	U	Z	X	U	D	E	N	E
U	P	P	F	A	T	T	N	I	N	G	N	R	D	D
R	E	T	E	H	N	E	R	A	F	R	E	K	E	V
E	B	U	K	K	B	W	Z	C	J	R	E	L	R	E
É	E	T	S	I	Ä	A	Z	G	U	M	T	I	M	T
D	D	N	I	M	L	N	R	J	S	E	E	G	E	S
I	Ö	Ä	N	H	S	F	S	N	G	L	B	H	D	L
P	M	M	I	T	P	X	N	L	D	B	C	E	V	Ö
A	N	N	L	A	T	E	G	O	O	O	G	T	E	S
R	I	I	K	N	R	E	V	X	K	R	M	L	T	T
E	N	N	X	K	I	Z	K	C	X	P	P	T	N	F
T	G	G	C	A	J	I	T	E	I	F	I	O	A	C
H	L	W	I	R	A	M	M	Ö	R	D	S	I	F	B
D	N	P	E	R	S	O	N	L	I	G	H	E	T	F

KLINISK
BETEENDE
KONFLIKT
EGO
BARNDOM
ERFARENHETER
KÄNSLOR
BEDÖMNING
IDÉER
MEDVETSLÖS
TANKAR
UPPFATTNING
PERSONLIGHET
PROBLEM
UTNÄMNING
VERKLIGHET
DRÖMMAR
KÄNSLA
UNDERMEDVETNA
TERAPI

97 - Nature

G	C	V	B	Z	R	H	B	H	S	M	A	E	E	G
U	B	F	I	L	U	G	N	V	I	L	D	M	R	L
M	B	V	N	C	H	T	E	H	N	Ö	K	S	O	A
K	A	L	E	Y	U	J	K	V	X	A	K	D	S	C
M	G	Y	D	E	I	L	Ö	V	V	E	R	K	I	I
T	R	O	P	I	S	K	H	S	A	K	U	S	O	Ä
L	M	F	R	I	S	T	A	D	V	N	J	I	N	R
J	K	O	L	Y	I	V	A	P	G	Y	D	M	E	Y
D	S	H	L	N	E	D	J	S	Ö	L	D	A	Z	P
J	I	M	Z	N	B	H	C	B	R	J	Y	N	K	D
L	T	M	L	F	G	N	L	Z	A	S	K	Y	S	W
B	K	S	M	I	L	D	T	X	N	K	S	D	F	U
K	R	L	A	A	R	O	S	U	D	O	F	B	Z	K
O	A	Z	N	X	R	C	D	C	E	G	P	D	E	K
W	S	F	V	S	W	N	F	R	E	D	L	I	G	E

BIN
SKYDD
DJUR
ARKTISK
SKÖNHET
DIMMA
ÖKEN
DYNAMISK
EROSION
LÖVVERK
FLOD
SKOG
GLACIÄR
MOLN
FREDLIG
FRISTAD
VILD
LUGN
TROPISK
AVGÖRANDE

98 - Chimie

D	E	T	T	T	S	E	T	Ä	V	S	U	F	F	D
W	Z	E	P	R	E	L	L	A	T	E	M	A	S	G
M	P	B	U	O	D	E	M	R	Ä	V	A	D	L	T
A	V	D	W	L	H	K	E	B	G	L	P	F	K	M
X	M	F	H	K	S	T	F	R	Y	C	O	J	S	W
H	L	N	G	Y	B	R	A	R	Y	S	J	L	I	K
S	R	R	S	L	T	O	T	G	A	S	V	F	L	K
C	D	S	W	N	C	N	O	S	K	W	J	I	A	V
C	Y	I	M	X	N	A	M	B	S	Y	M	F	K	K
R	U	T	A	R	E	P	M	E	T	N	O	J	L	T
U	B	Z	B	D	J	G	U	A	Ä	X	L	R	A	L
A	U	W	E	I	A	T	N	O	V	G	E	O	I	A
E	N	Z	Y	M	D	R	J	Z	M	S	K	T	K	S
K	A	T	A	L	Y	S	A	T	O	R	Y	D	Z	V
K	Ä	R	N	K	R	A	F	T	A	A	L	R	X	L

SYRA
ALKALISK
ATOM
KOL
KATALYSATOR
VÄRME
KLOR
ENZYM
ELEKTRON
GAS
VÄTE
JON
VÄTSKA
METALLER
MOLEKYL
KÄRNKRAFT
SYRE
VIKT
SALT
TEMPERATUR

99 - Bateaux

G	J	L	A	V	K	W	B	M	G	F	B	I	F	S
V	Å	G	O	R	K	P	S	A	K	C	O	D	Ä	C
O	A	S	I	S	E	S	I	C	A	X	J	O	R	P
L	E	H	P	J	I	O	D	Ö	J	S	G	L	J	S
M	O	N	E	O	V	U	W	D	A	I	D	F	A	S
U	O	E	R	A	K	N	A	D	K	W	L	B	K	J
S	J	T	S	A	M	N	K	A	N	O	T	I	F	Ö
D	U	T	O	E	I	H	A	O	P	J	H	P	R	M
S	M	A	X	R	F	V	H	U	S	U	C	K	Z	A
F	F	V	F	L	O	T	T	E	T	R	A	L	J	N
F	C	D	V	F	S	F	A	W	I	I	Y	A	S	P
F	C	I	G	H	E	E	L	W	D	L	S	N	H	E
H	O	T	Å	B	L	E	G	E	S	L	E	K	W	Z
B	E	S	Ä	T	T	N	I	N	G	P	D	G	Y	H
I	I	J	U	D	M	B	S	S	I	Z	D	L	R	N

ANKARE
BOJ
KANOT
REP
DOCKA
BESÄTTNING
FÄRJA
FLOD
KAJAK
SJÖ
TIDVATTEN
SJÖMAN
MAST
HAV
MOTOR
NAUTISK
FLOTTE
VÅGOR
SEGELBÅT
YACHT

100 - Mesures

V	O	L	Y	M	F	Y	R	R	B	Y	K	T	L	K
O	B	J	G	W	E	B	F	E	Y	G	Y	M	Ä	N
W	F	F	M	N	I	C	I	T	U	T	S	M	N	K
K	H	Ö	J	D	J	B	R	E	D	D	O	E	G	F
I	B	A	I	L	A	L	A	M	I	C	E	D	D	H
L	Y	X	C	D	R	T	L	I	K	R	K	X	B	K
O	V	L	C	X	G	U	D	T	I	Z	U	Z	W	F
M	I	I	I	Z	R	M	Y	N	L	G	G	R	A	D
E	K	M	D	J	U	P	J	E	O	M	Y	I	B	W
T	T	M	E	T	E	R	I	C	G	T	I	B	G	T
E	S	R	E	T	I	L	U	H	R	P	K	N	J	S
R	A	T	H	P	Y	V	I	T	A	M	B	A	U	Y
J	M	A	S	S	A	B	J	P	M	A	R	G	K	T
D	C	V	N	P	Z	S	P	B	I	I	W	G	P	A
R	F	D	U	G	D	Z	P	G	K	T	S	U	U	W

CENTIMETER
GRAD
DECIMAL
GRAM
HÖJD
KILOGRAM
KILOMETER
BREDD
LITER
LÄNGD
MASSA
METER
MINUT
BYTE
UNS
VIKT
TUM
DJUP
TON
VOLYM

1 - Adjectifs #2

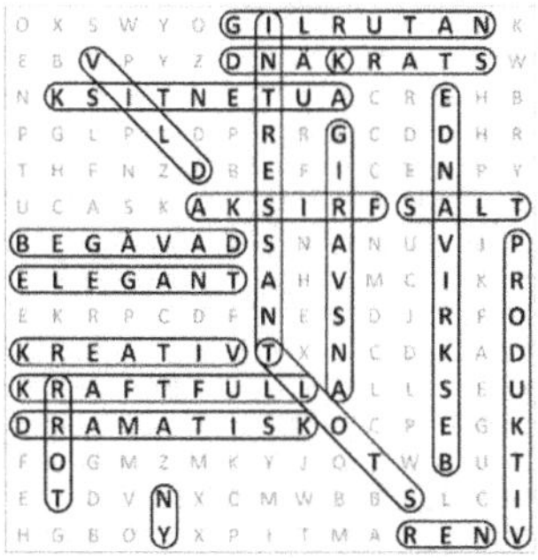

2 - Formes

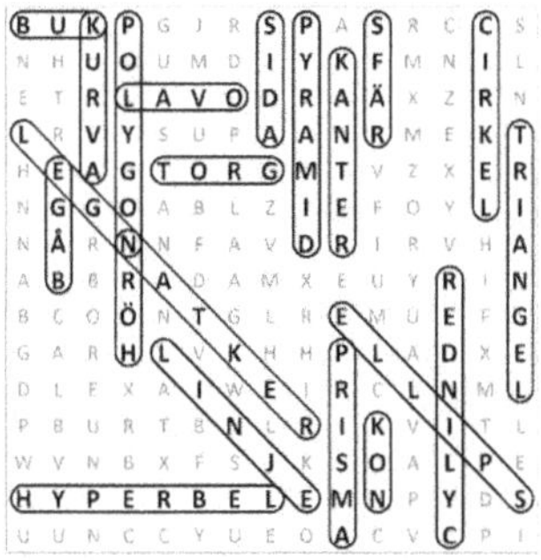

3 - Force et Gravité

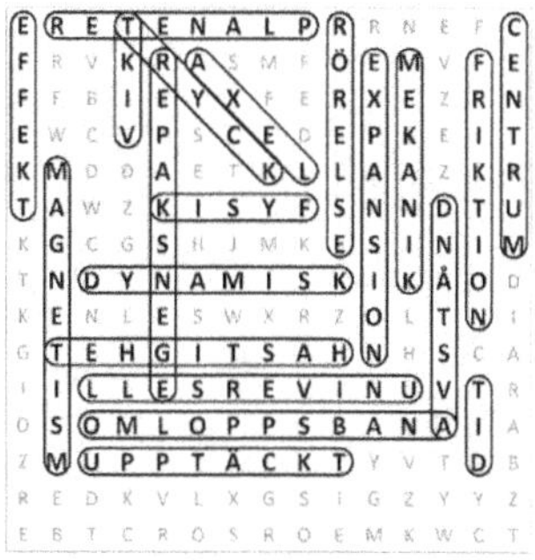

4 - Adjectifs #1

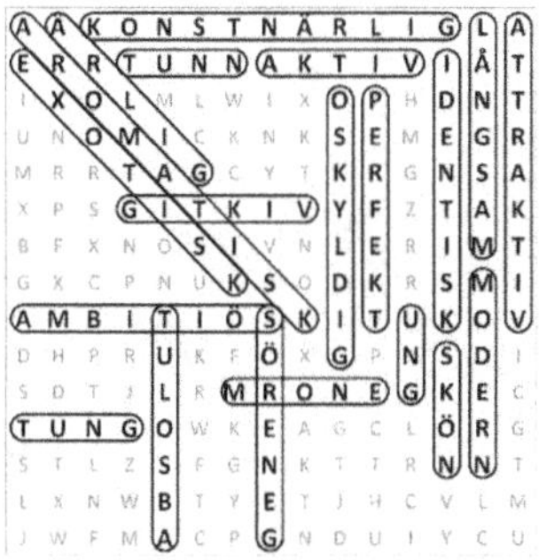

5 - Instruments de Musique

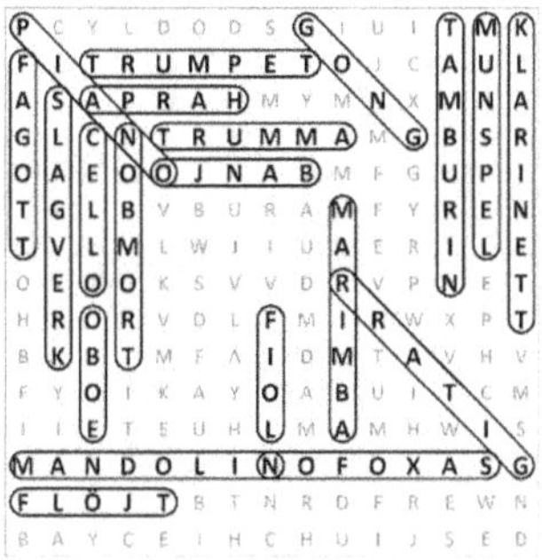

6 - Herboristerie

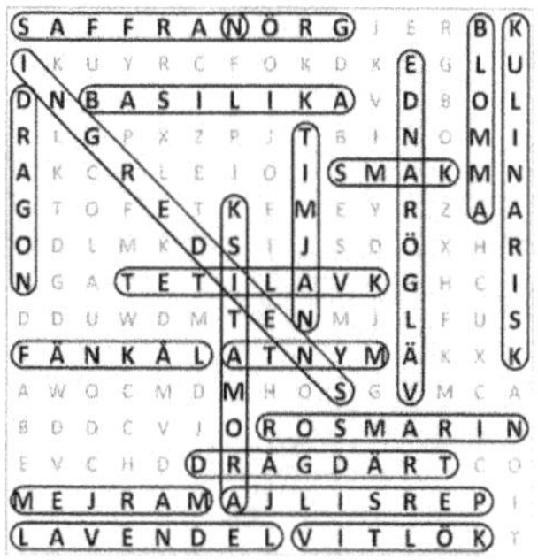

7 - Véhicules

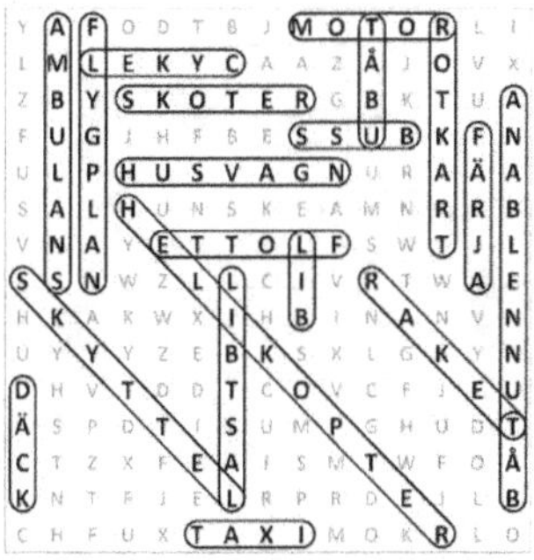

8 - Camping

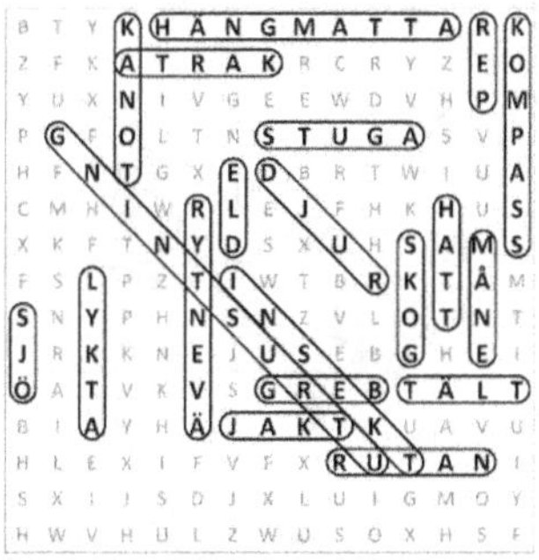

9 - Écologie

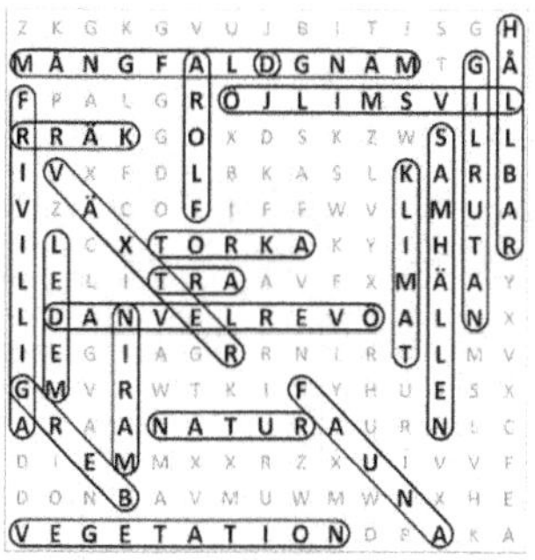

10 - Géométrie

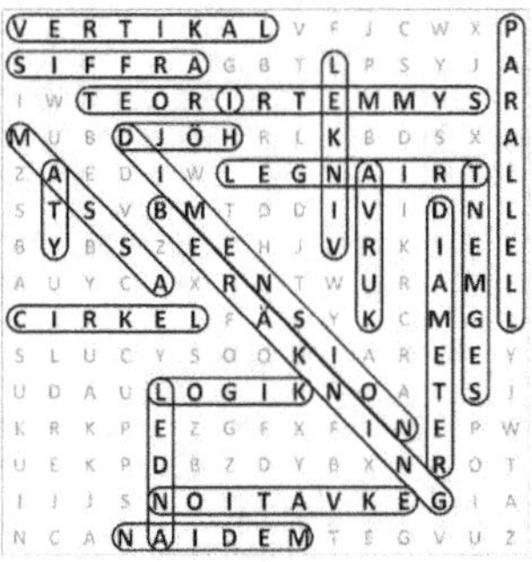

11 - Les Médias

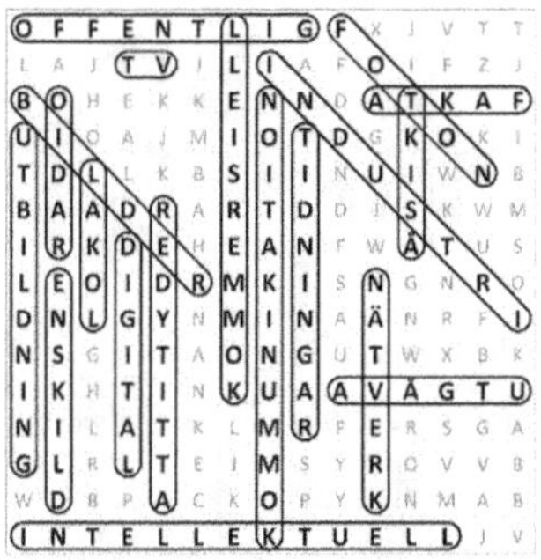

12 - Philanthropie

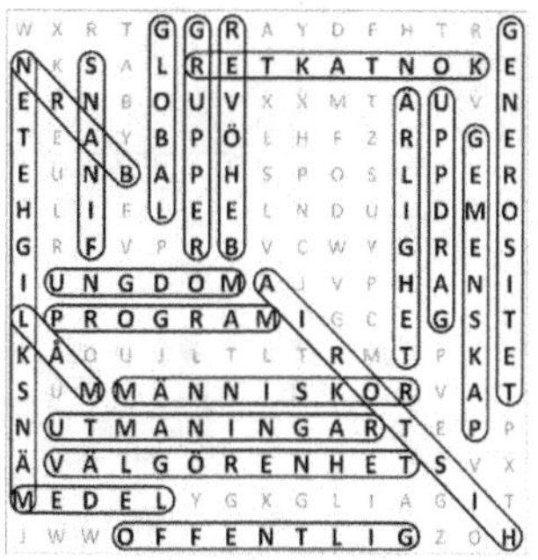

13 - Diplomatie

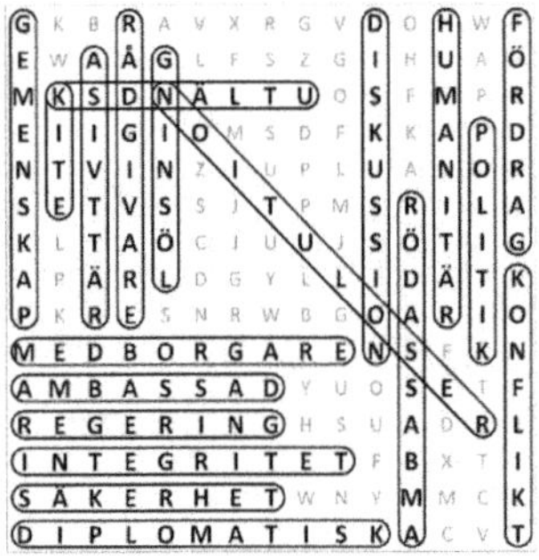

14 - Électricité

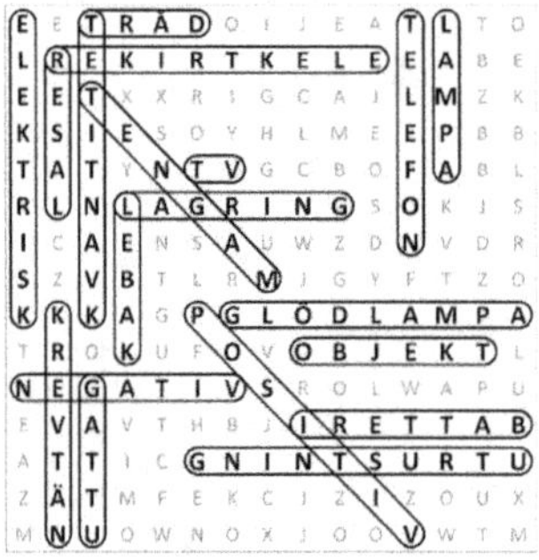

15 - Astronomie

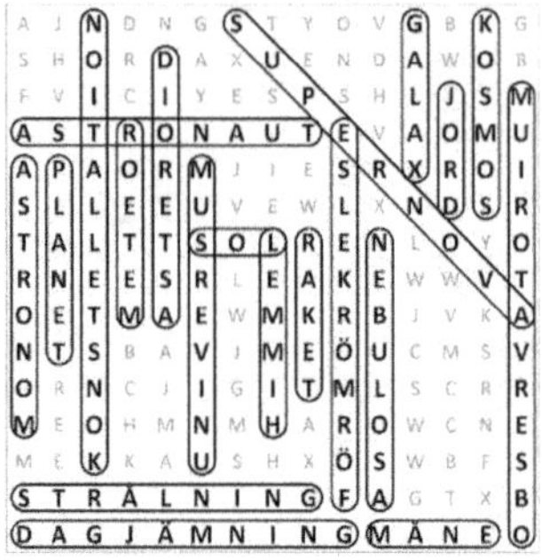

16 - Physique

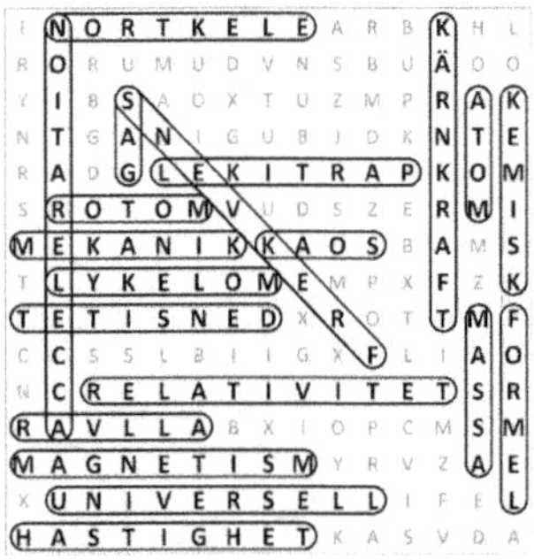

17 - Types de Cheveux

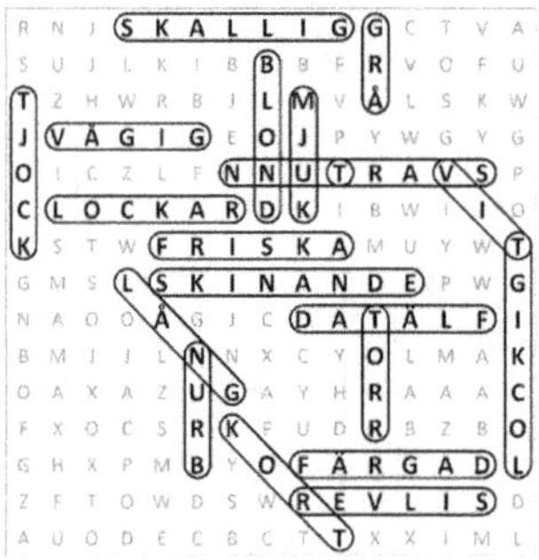

18 - Archéologie

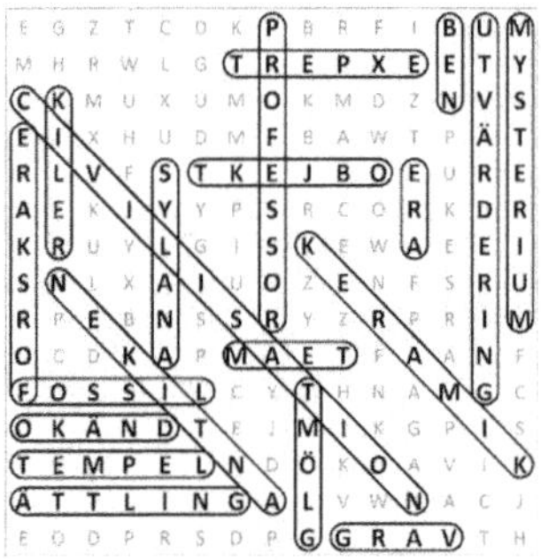

19 - Mammifères

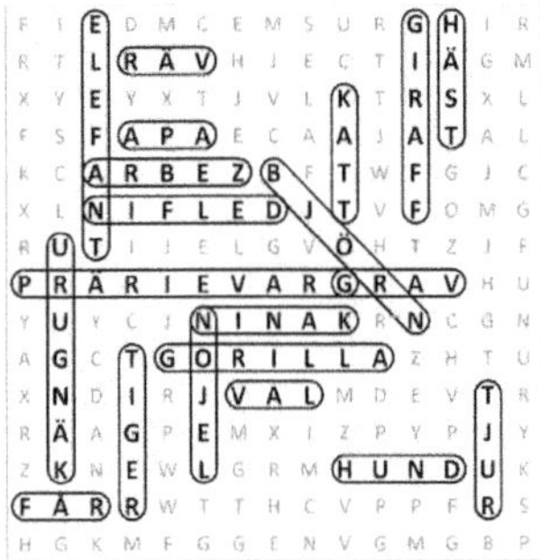

20 - Mathématiques

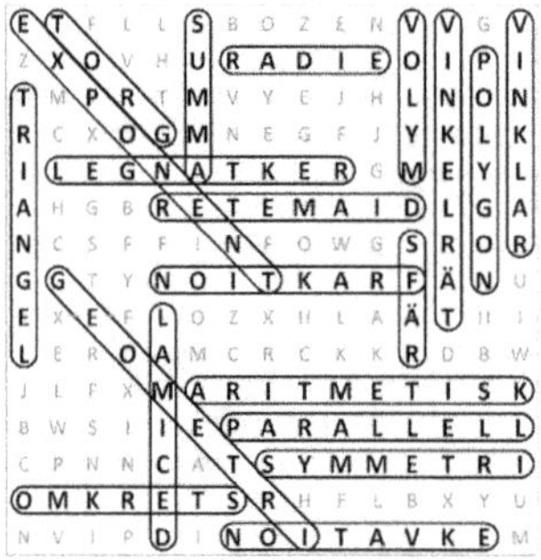

21 - Mythologie

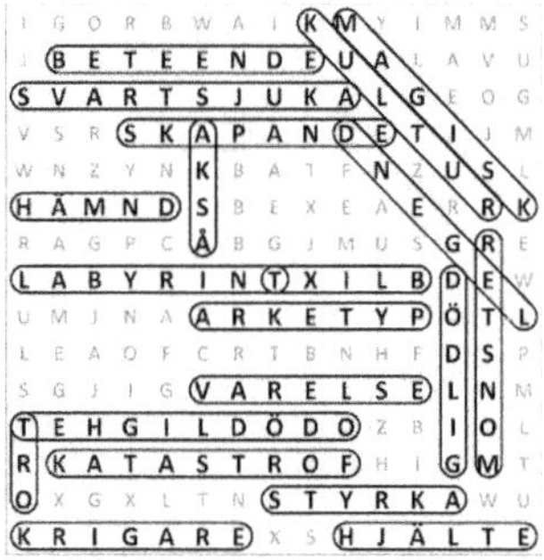

22 - Restaurant #2

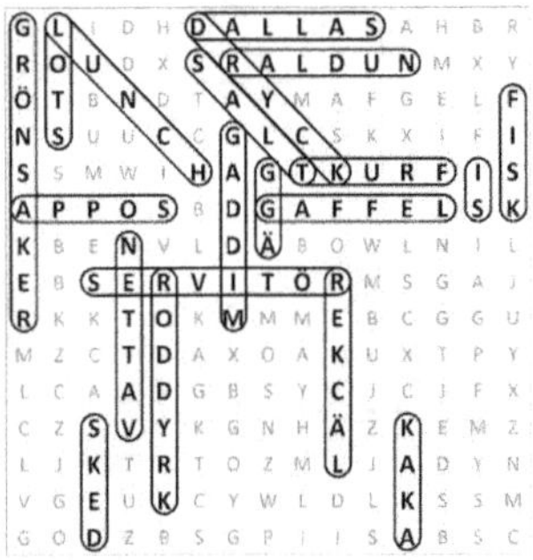

23 - Beauté

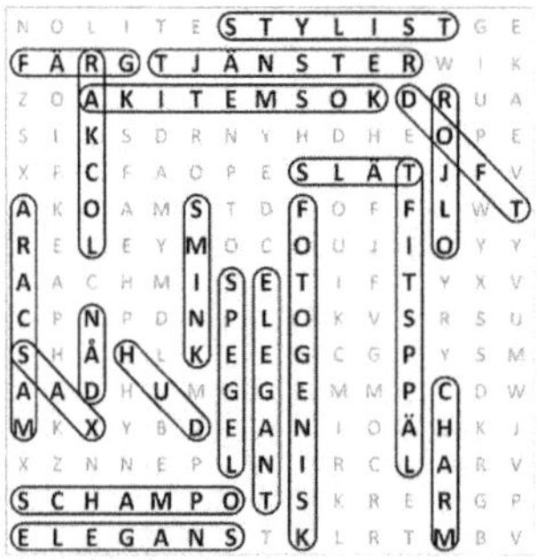

24 - Avions

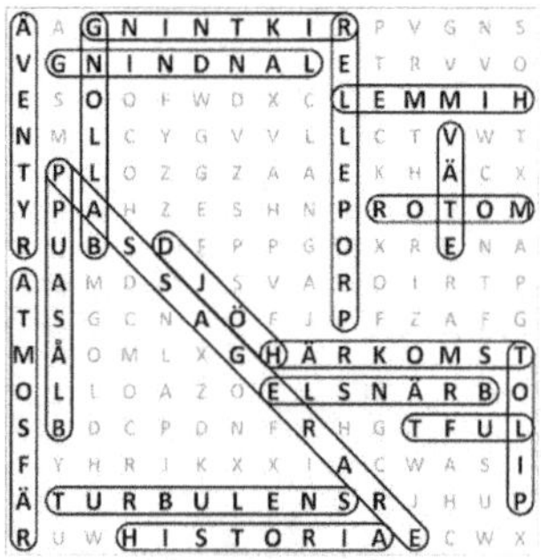

25 - Aventure

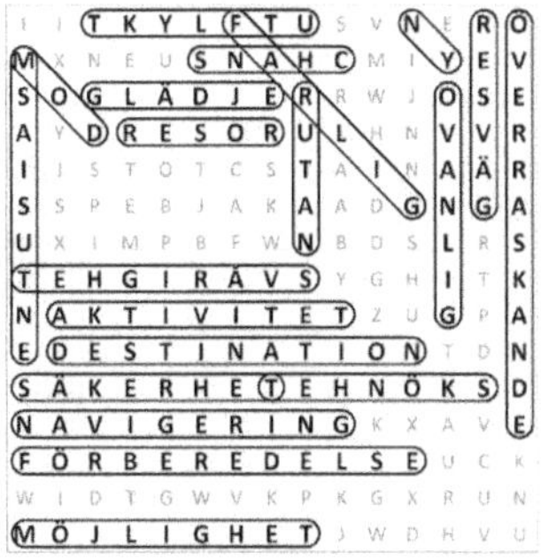

26 - Ville

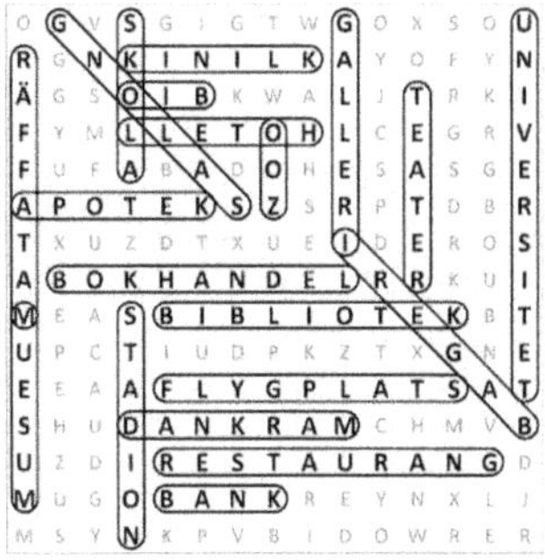

27 - Ingénierie

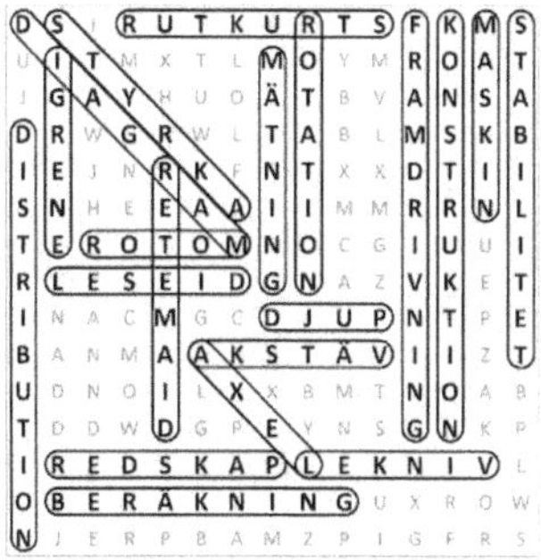

28 - Énergie

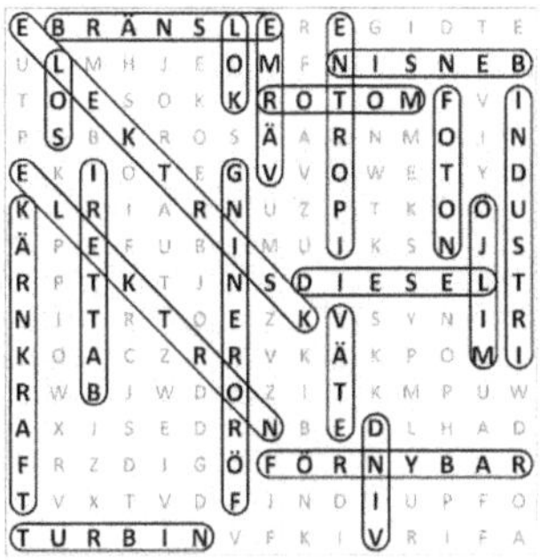

29 - Cuisine

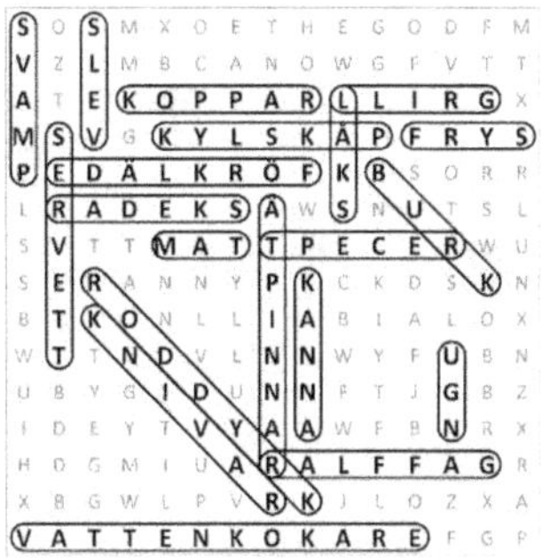

30 - Corps Humain

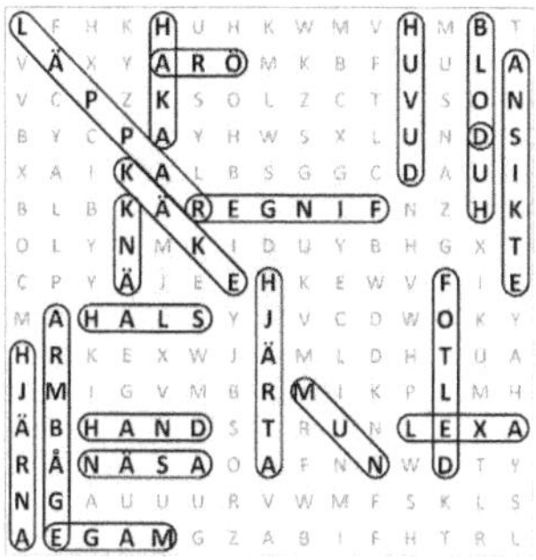

31 - Biologie

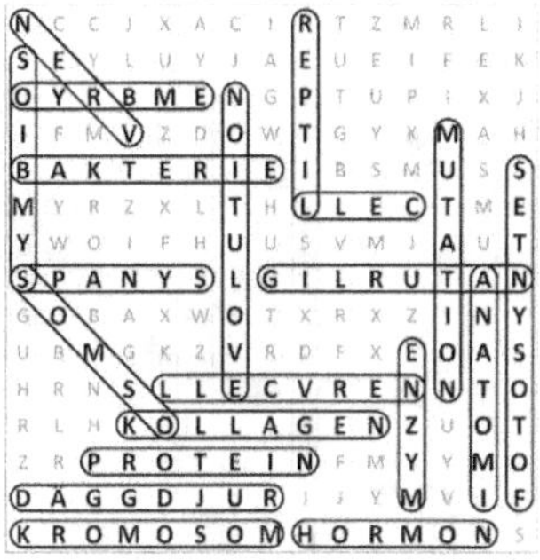

32 - Épices

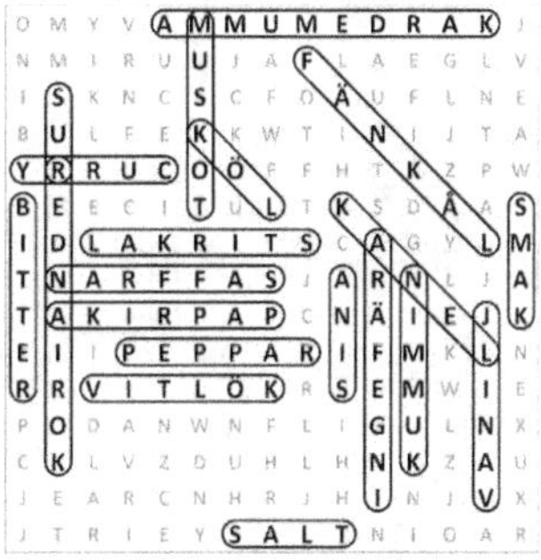

33 - Agronomie

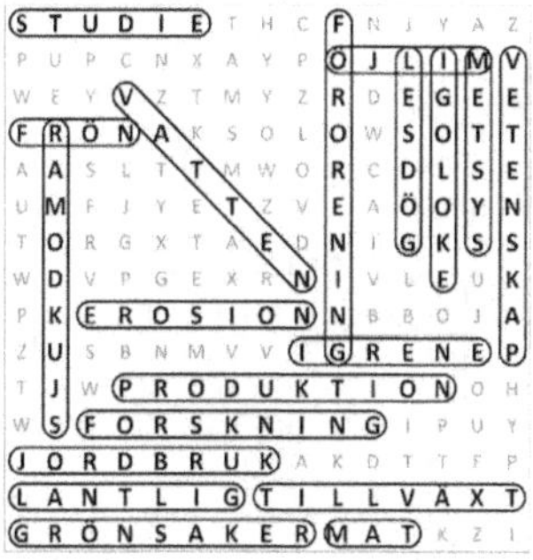

34 - Science

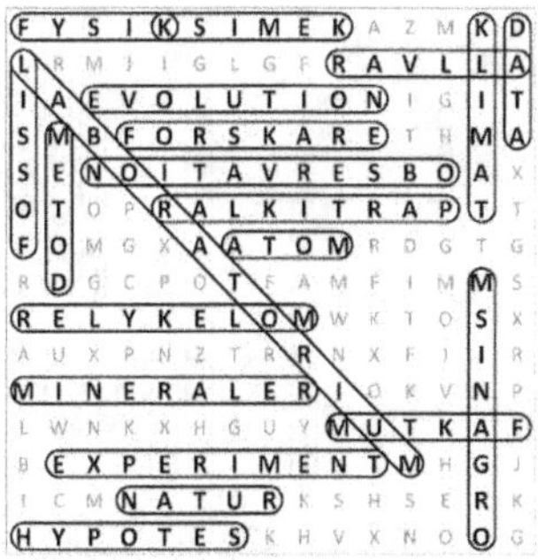

35 - Vêtements

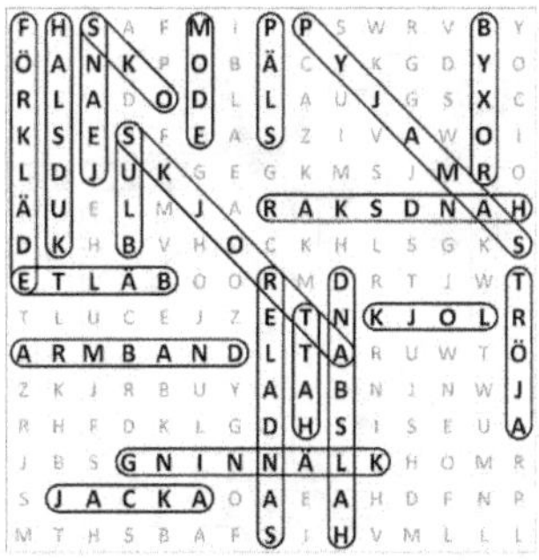

36 - Méditation

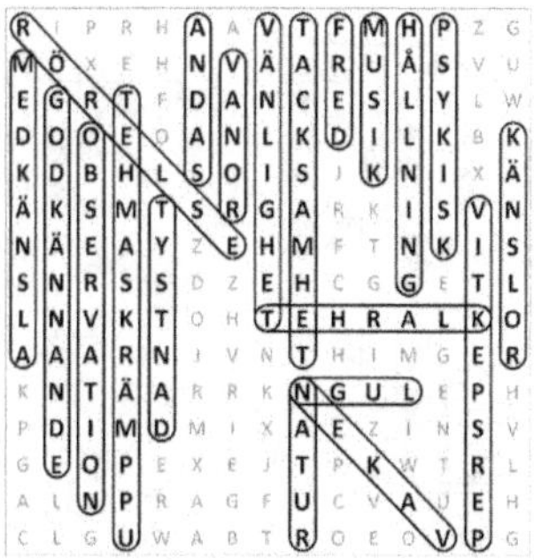

37 - Littérature

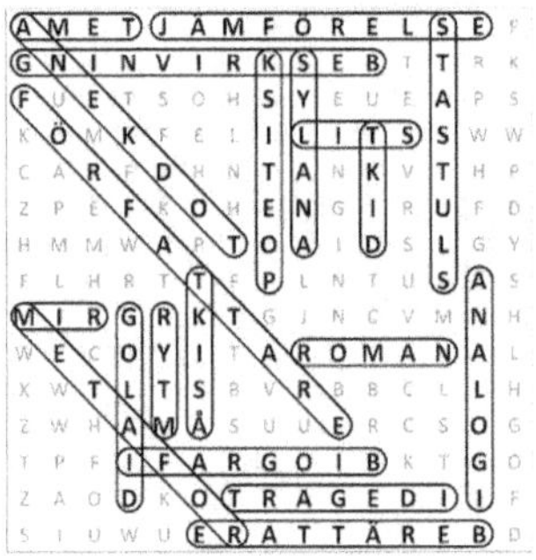

38 - Nourriture #1

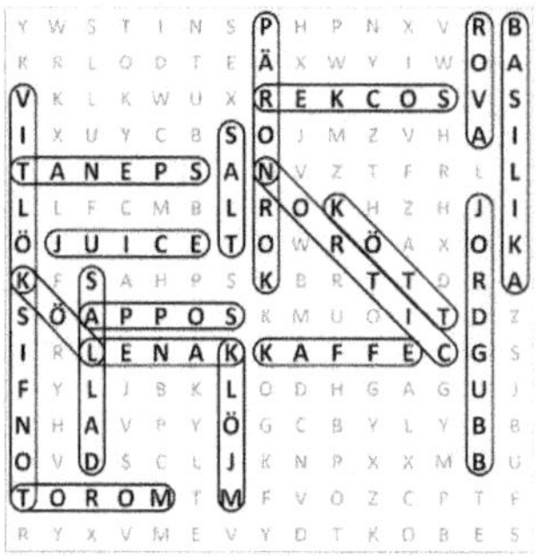

39 - Jours et Mois

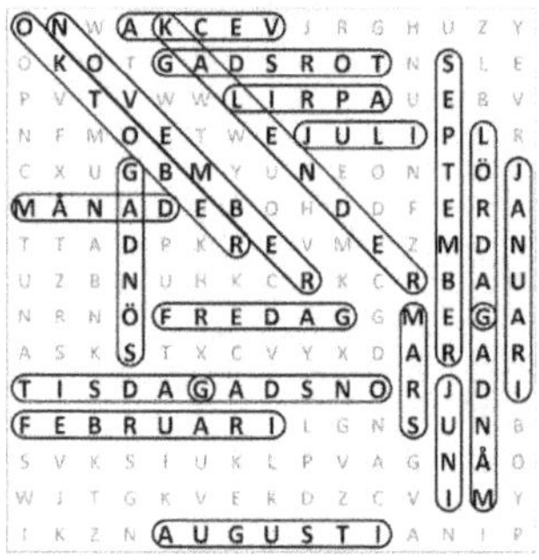

40 - Entreprise

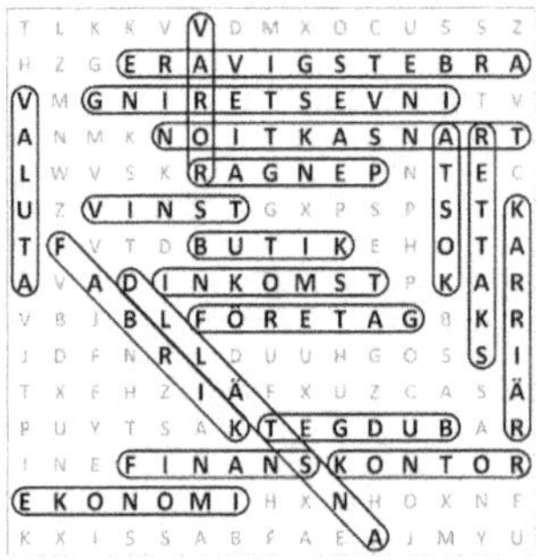

41 - Activités

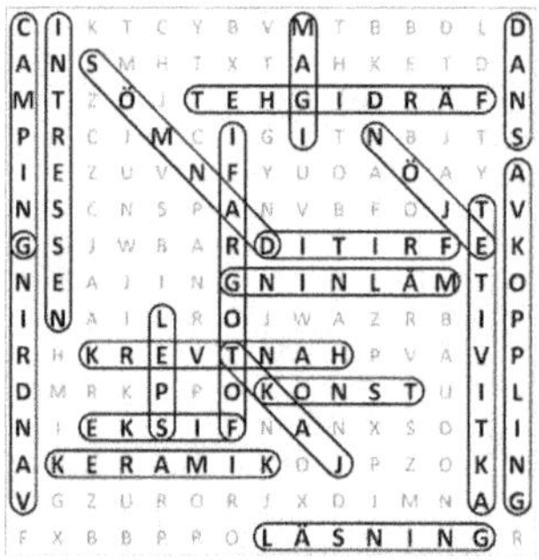

42 - Mode

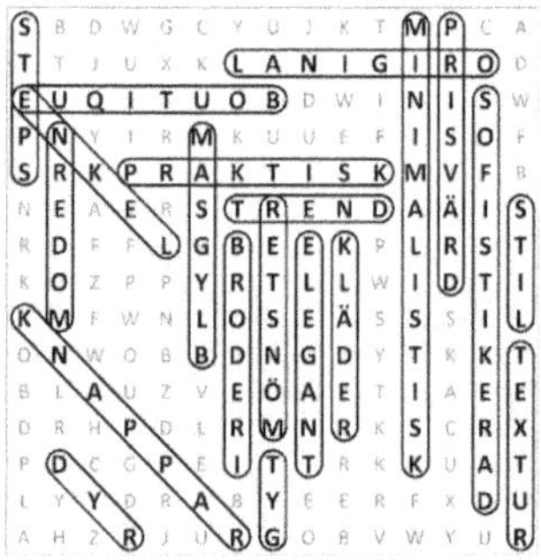

43 - Fleurs

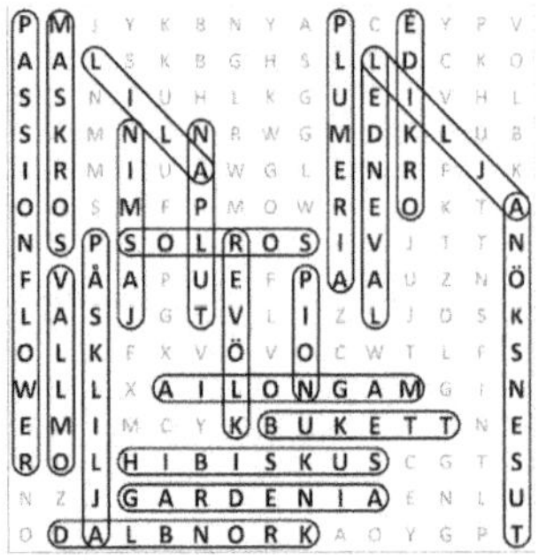

44 - Nourriture #2

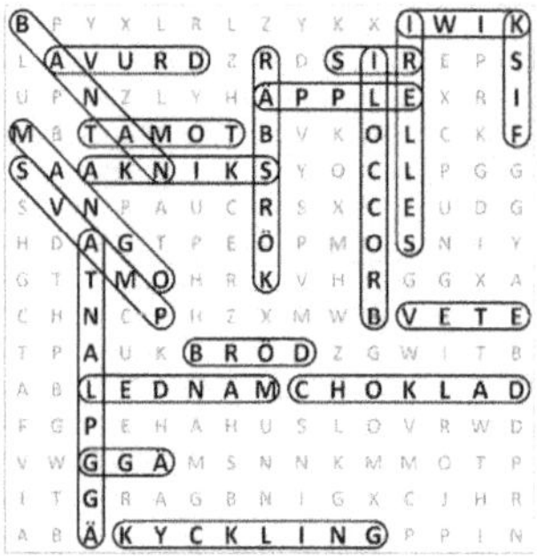

45 - Algèbre

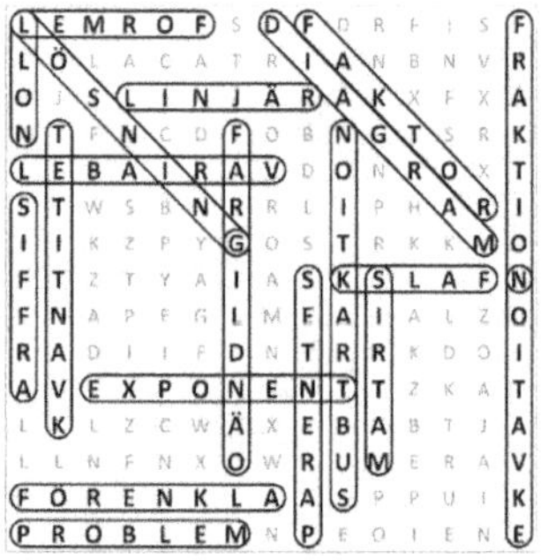

46 - Océan

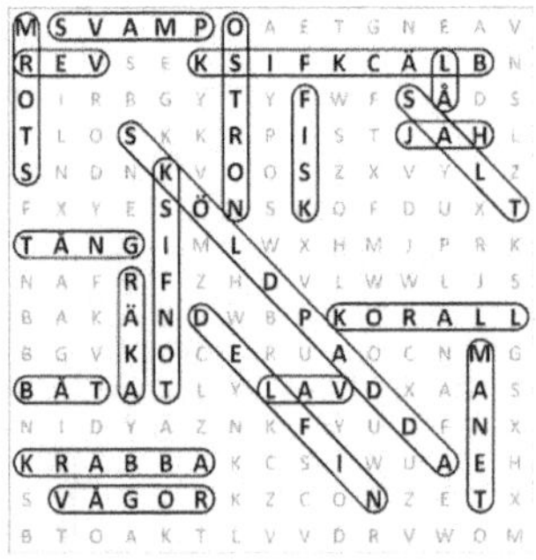

47 - Antiquités

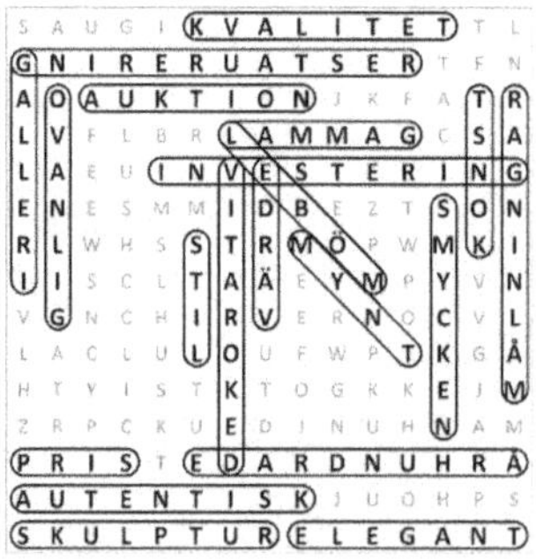

48 - Boxe

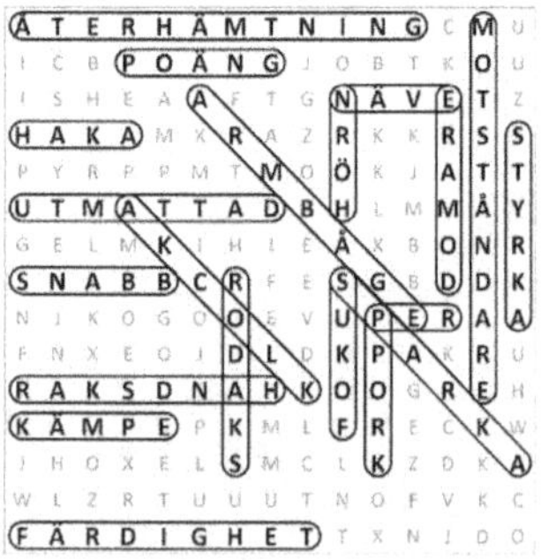

49 - Réchauffement Cli

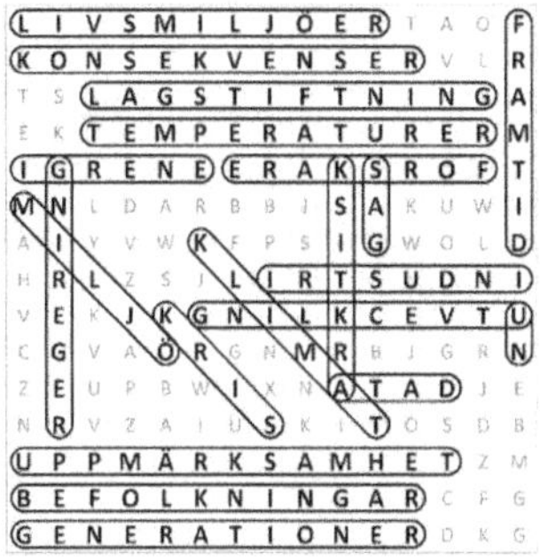

50 - Ballet

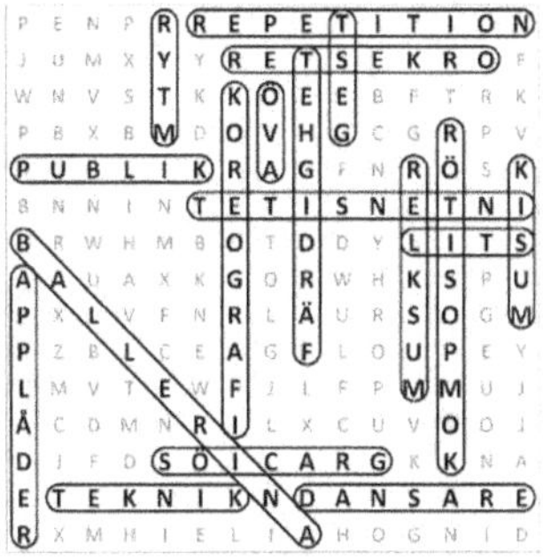

51 - Fruit

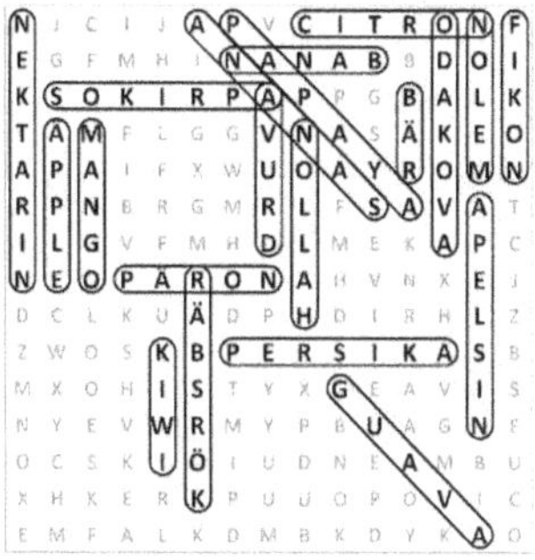

52 - Musique

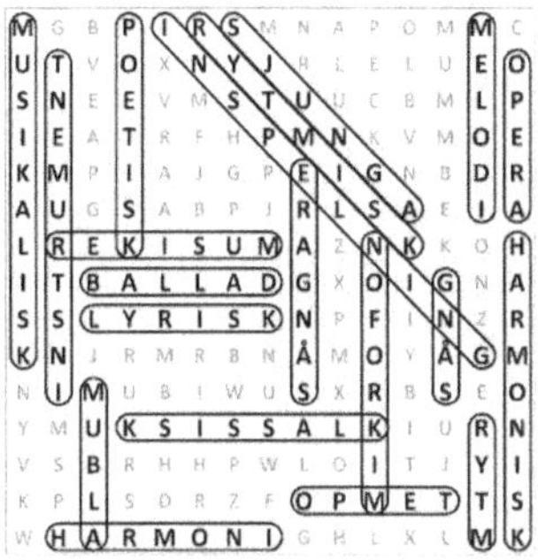

53 - Météo

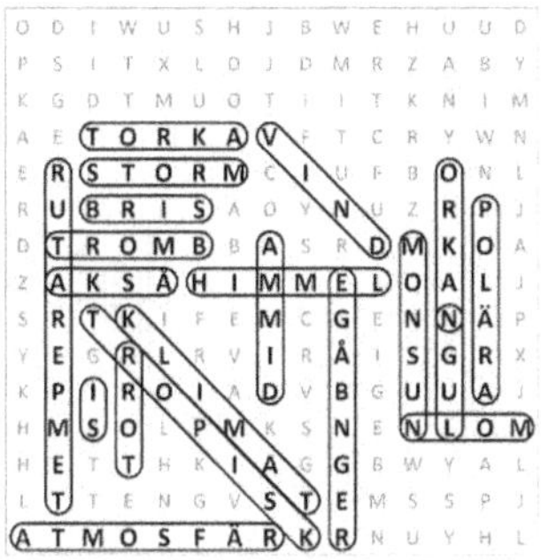

54 - L'Entreprise

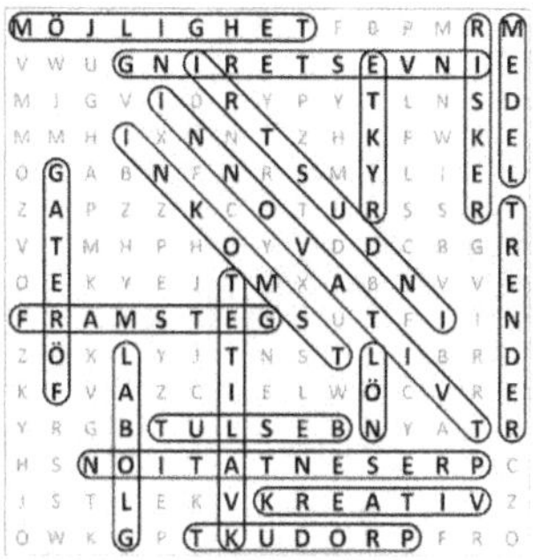

55 - Gouvernement

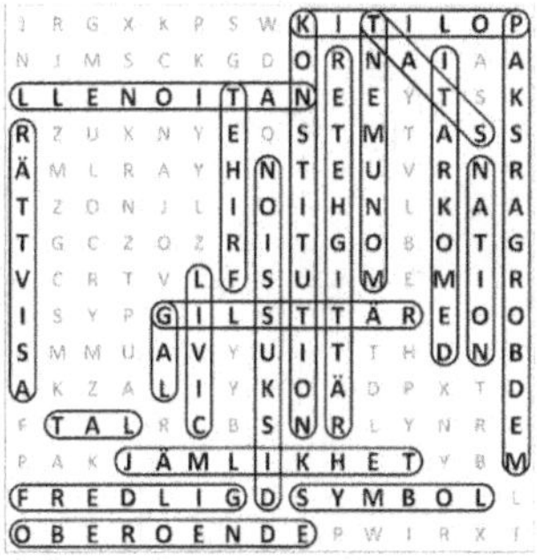

56 - Randonnée

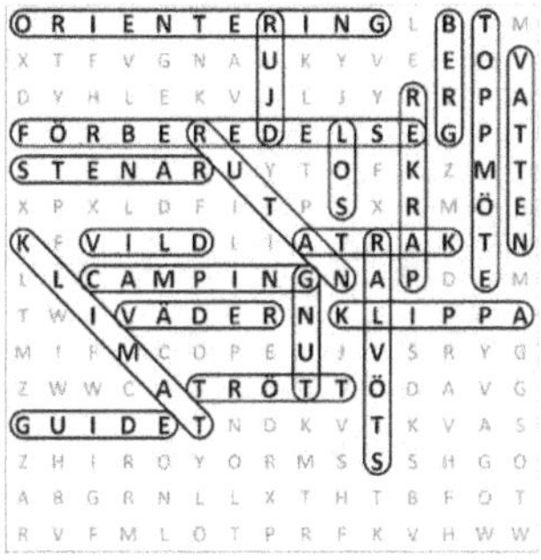

57 - Nutrition

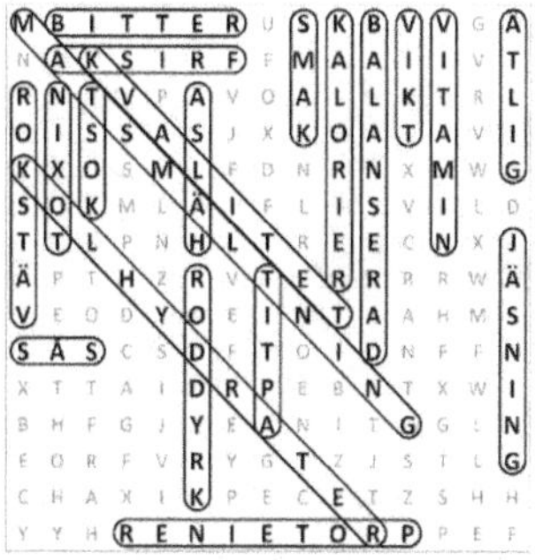

58 - Science Fiction

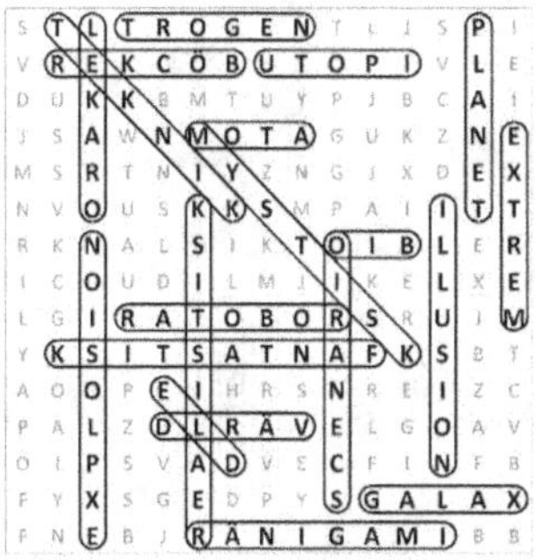

59 - Vertus #1

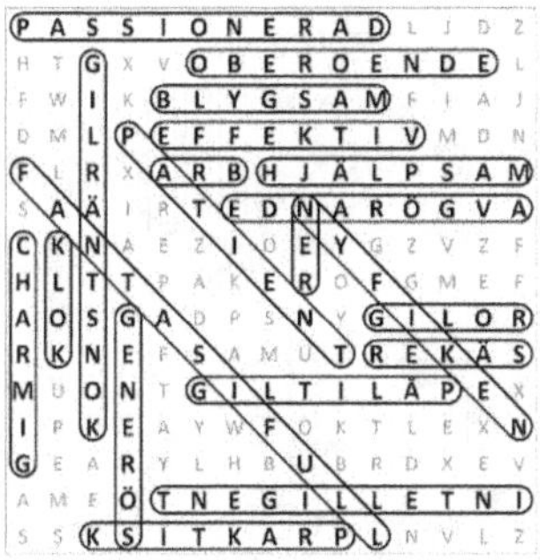

60 - Professions #1

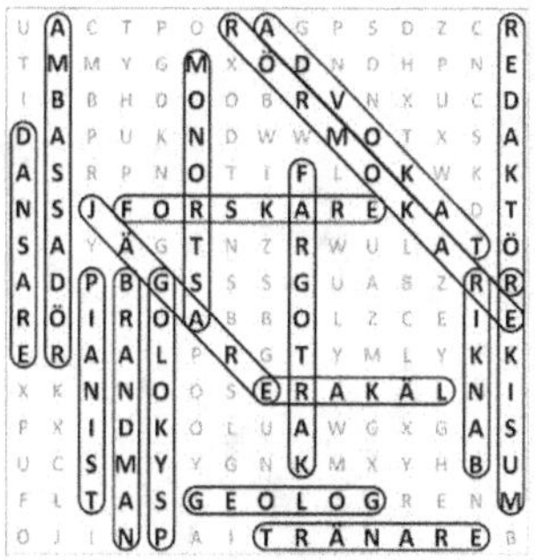

61 - Géologie

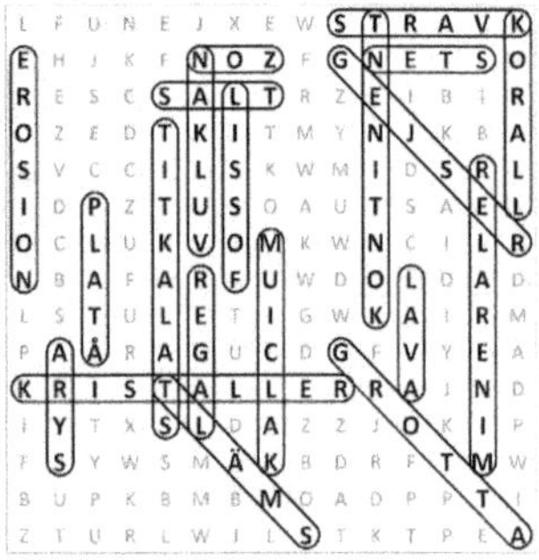

62 - Jardin

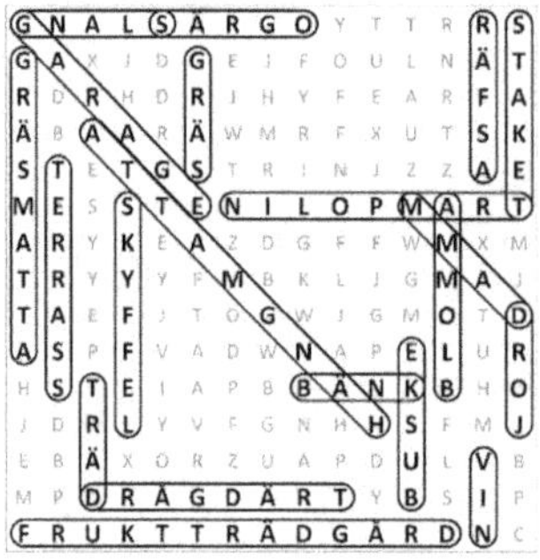

63 - Santé et Bien Être #1

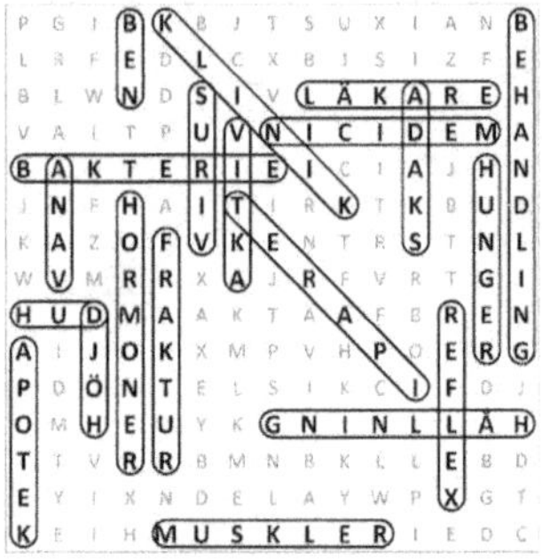

64 - Barbecues

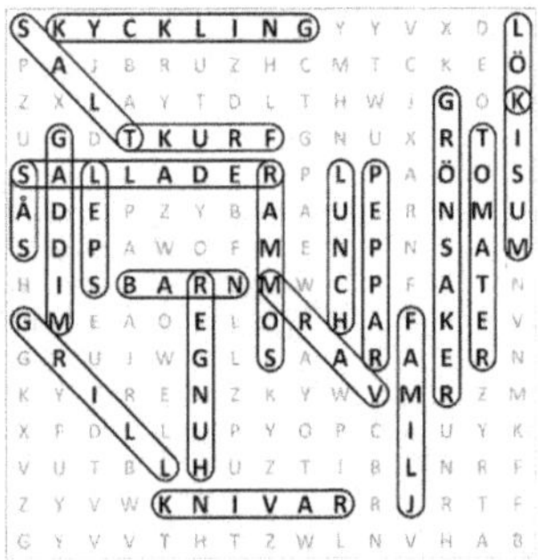

65 - Forêt Tropicale

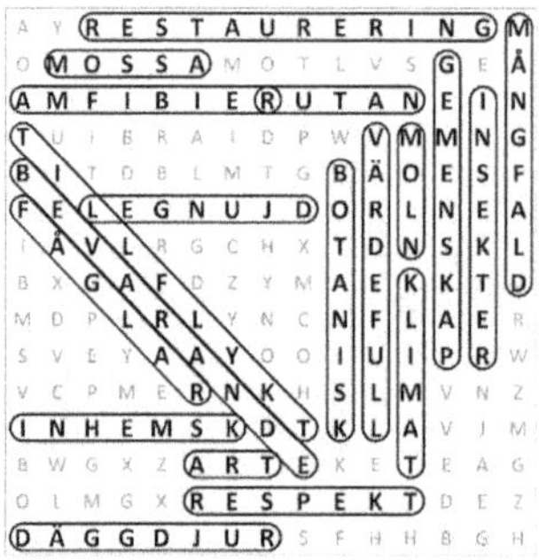

66 - Ferme #1

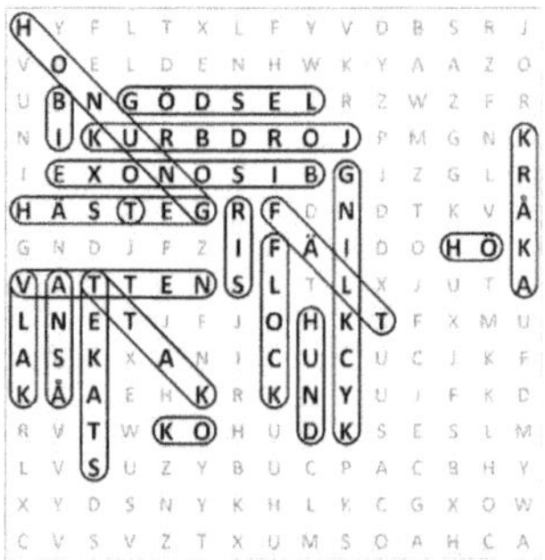

67 - Café

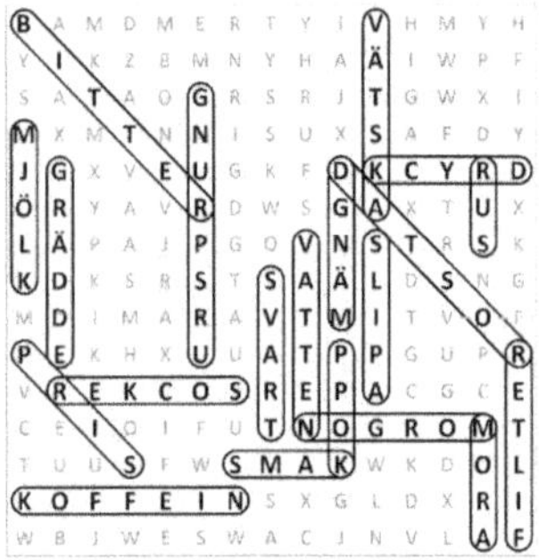

68 - Antarctique

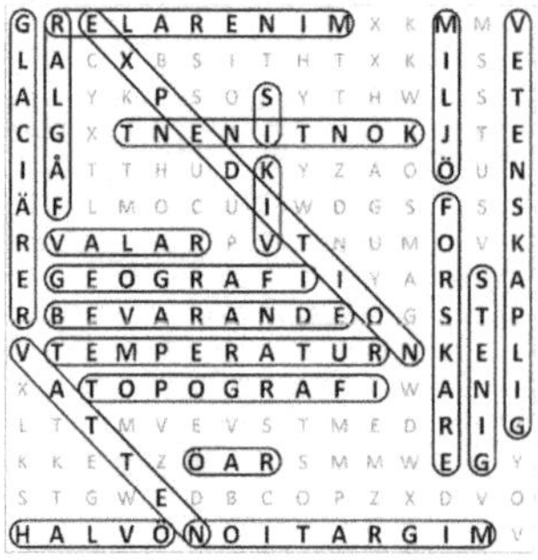

69 - Professions #2

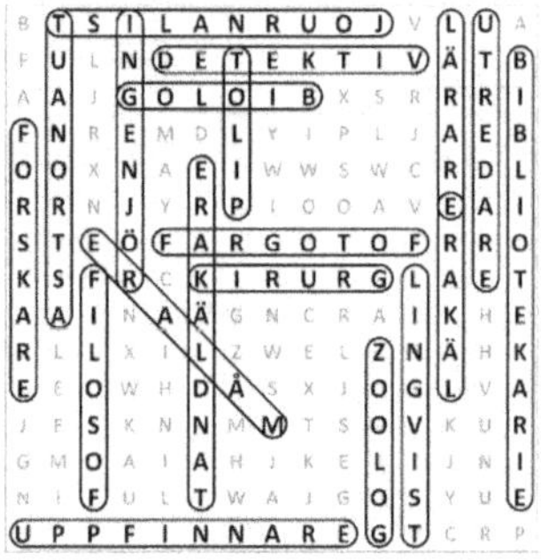

70 - Les Abeilles

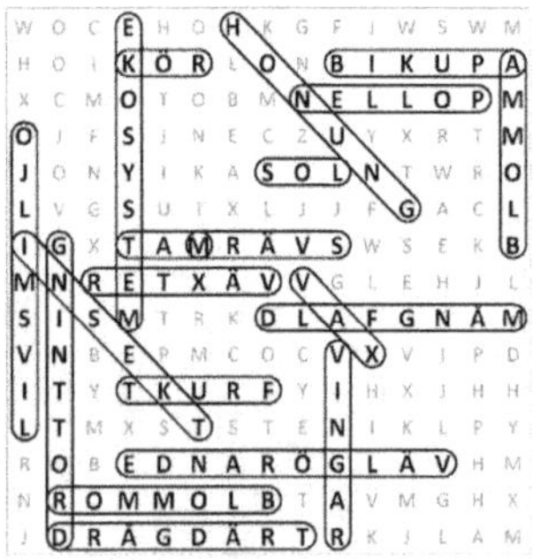

71 - Santé et Bien Être #2

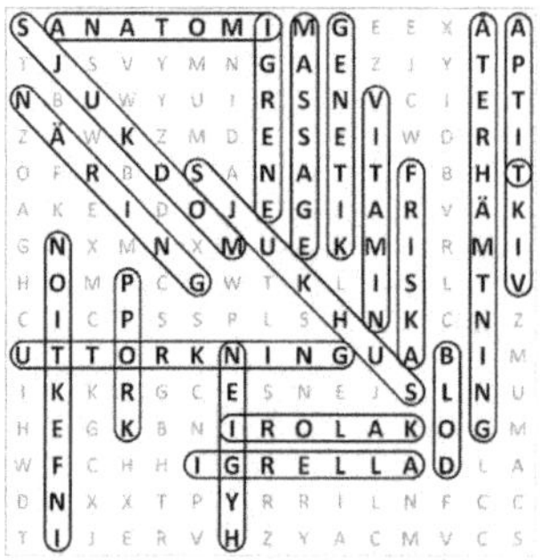

72 - Conduite

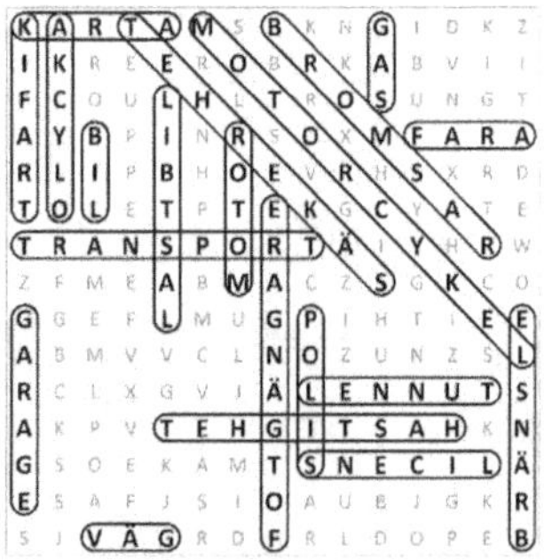

73 - Plantes

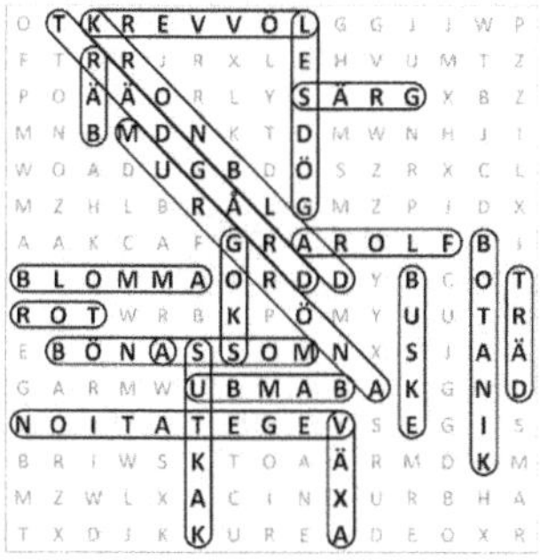

74 - Ferme #2

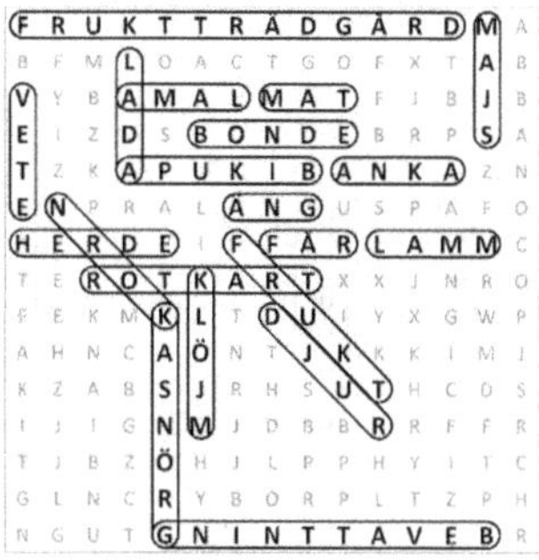

75 - Vacances #2

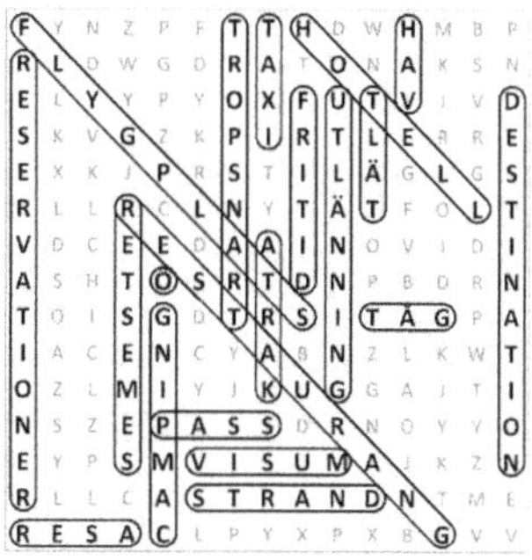

76 - Éthique

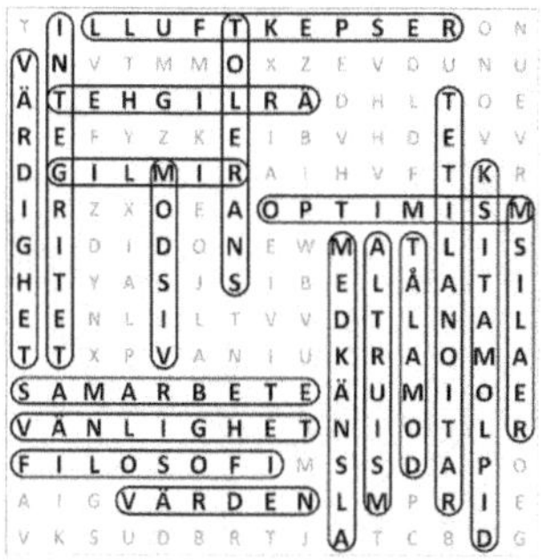

77 - Temps

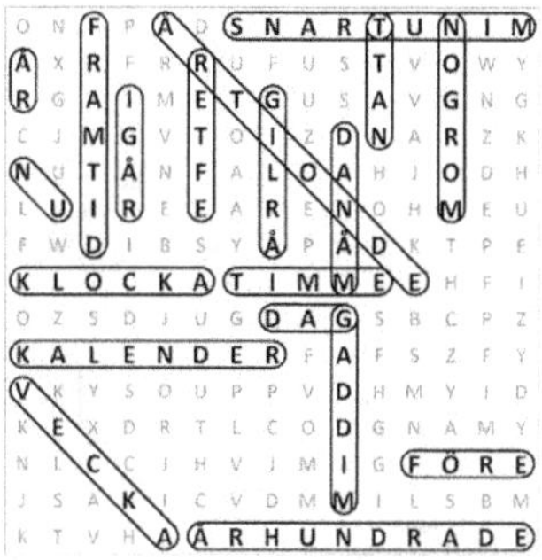

78 - Maison

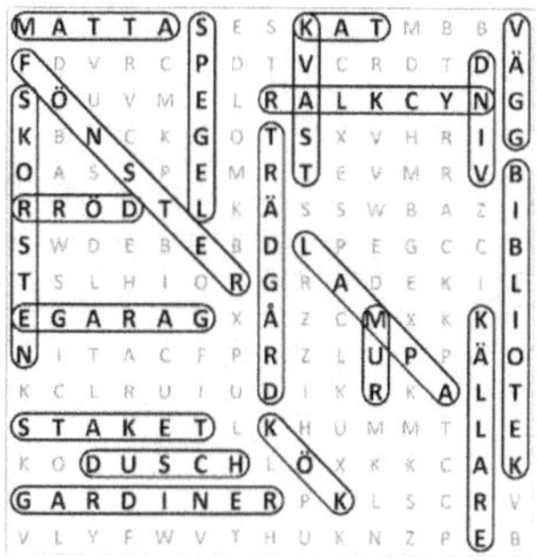

79 - Légumes

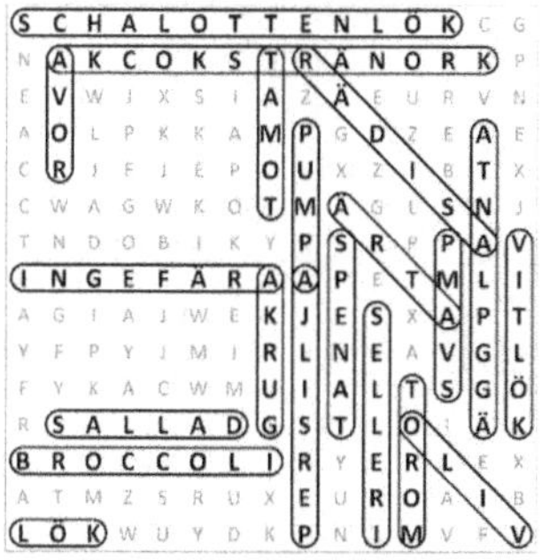

80 - Famille

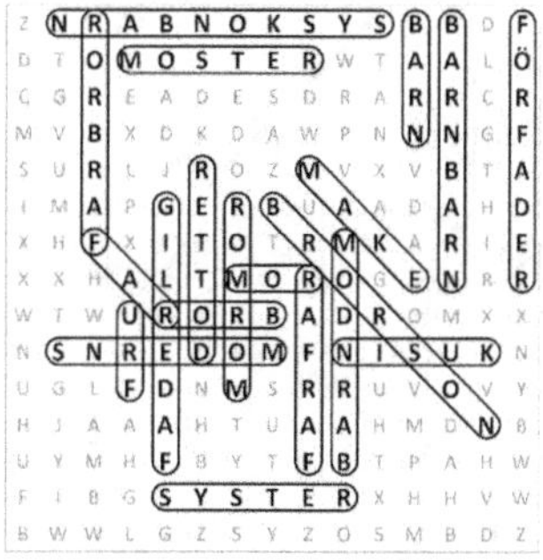

81 - Oiseaux

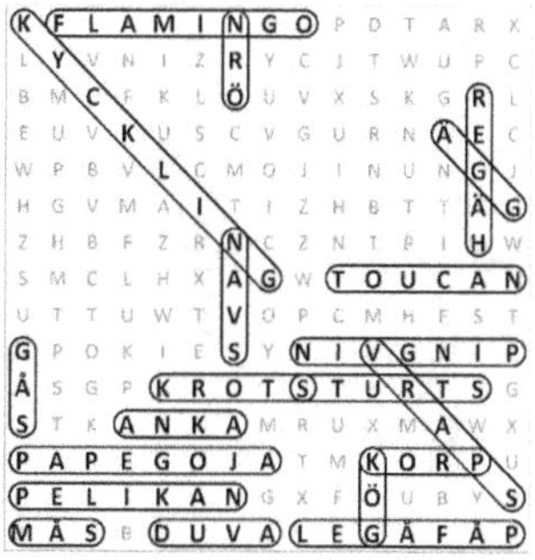

82 - Disciplines Scientifiques

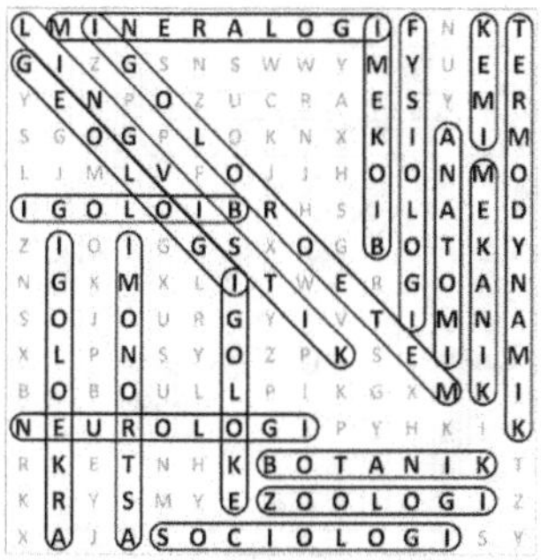

83 - Maladie

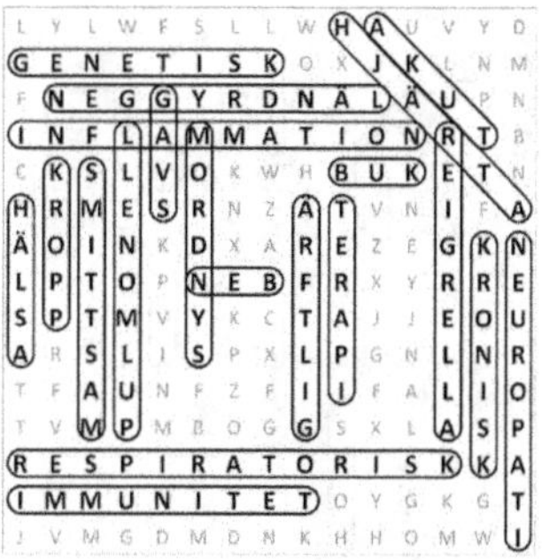

84 - Univers

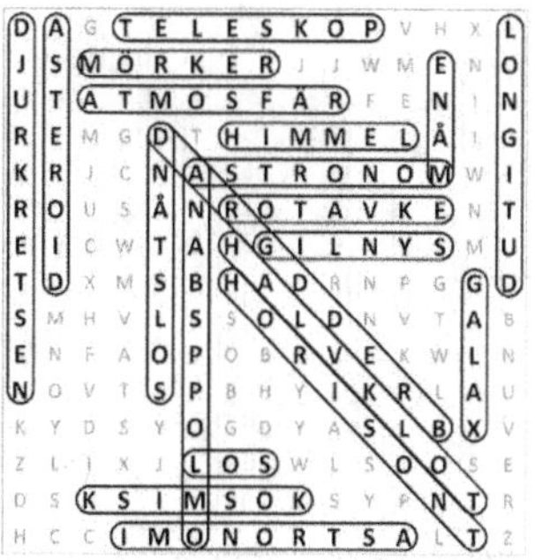

85 - Géographie

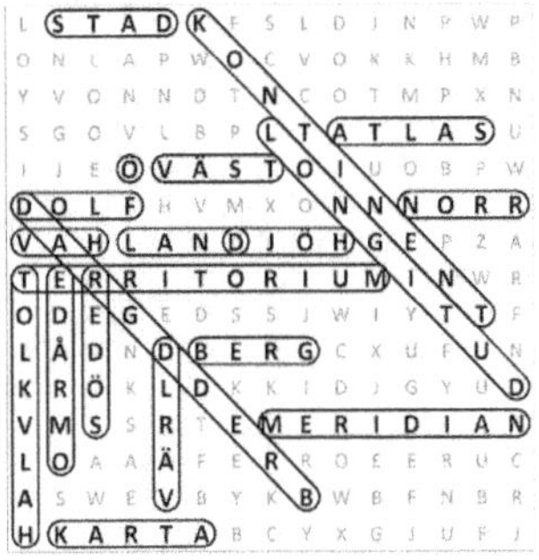

86 - Danse

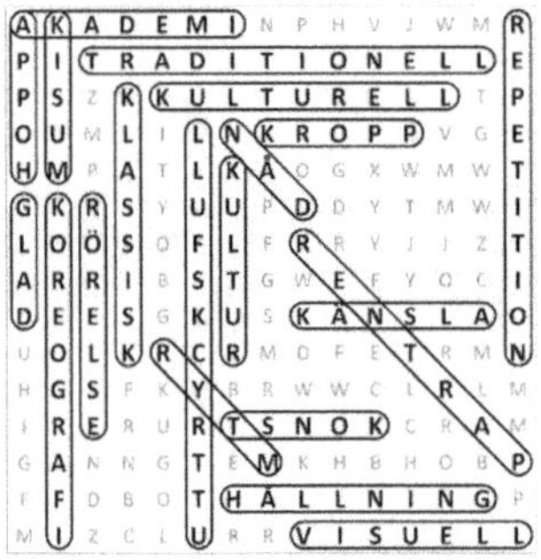

87 - Bâtiments

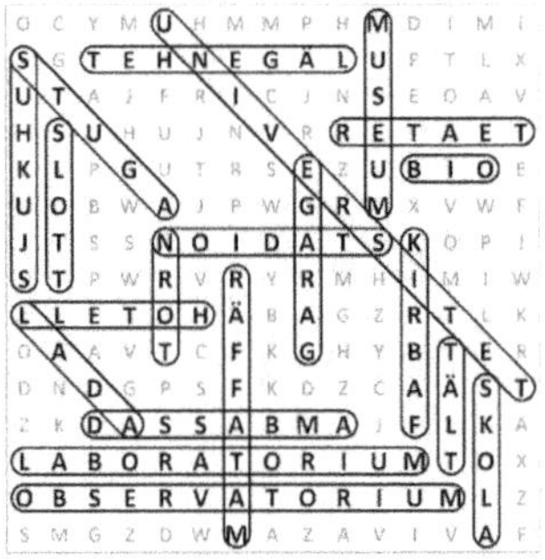

88 - Livres

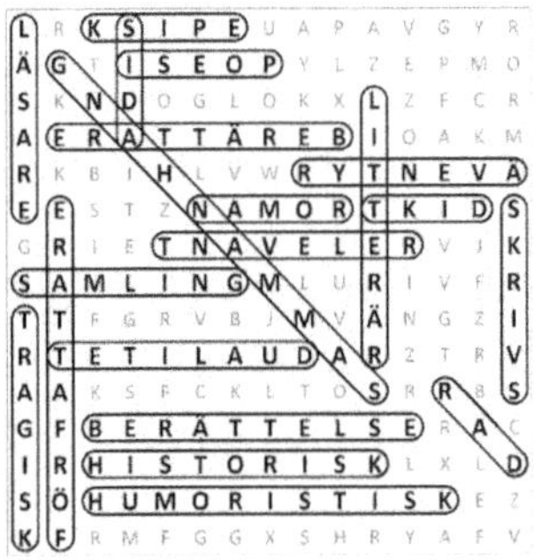

89 - Pays #2

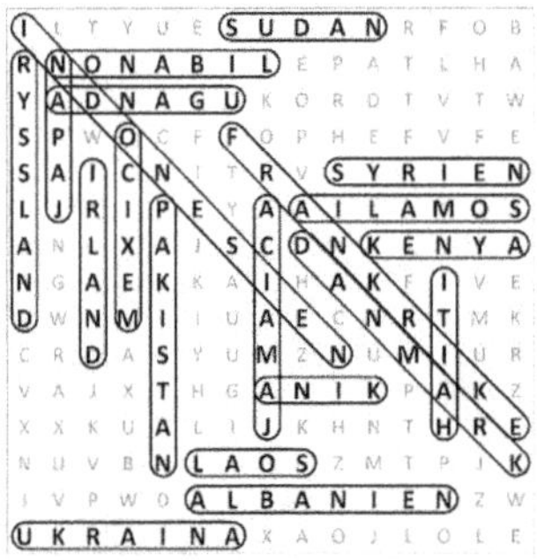

90 - Fournitures d'Art

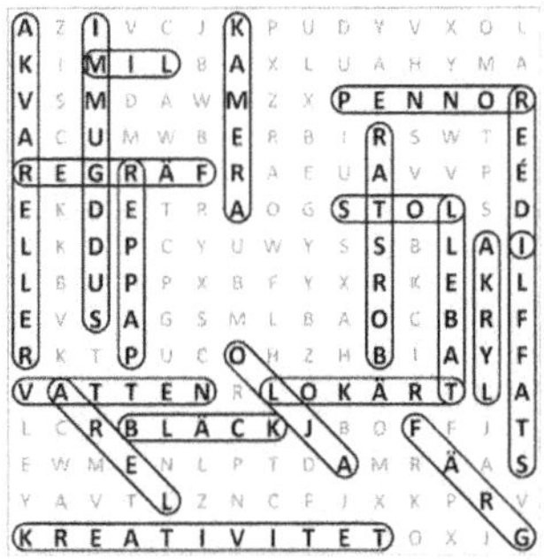

91 - Eau

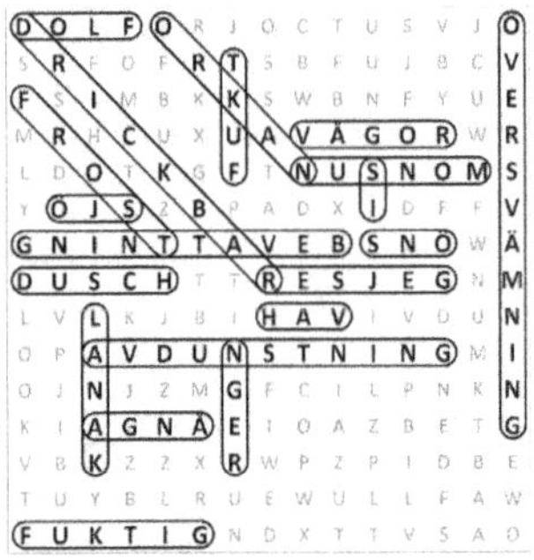

92 - Jazz

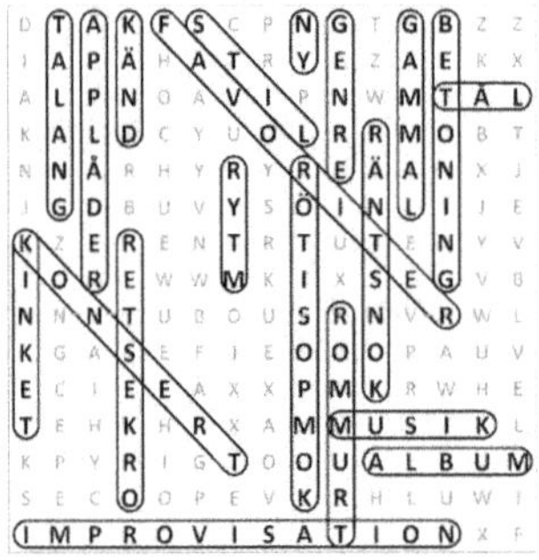

93 - Paysages

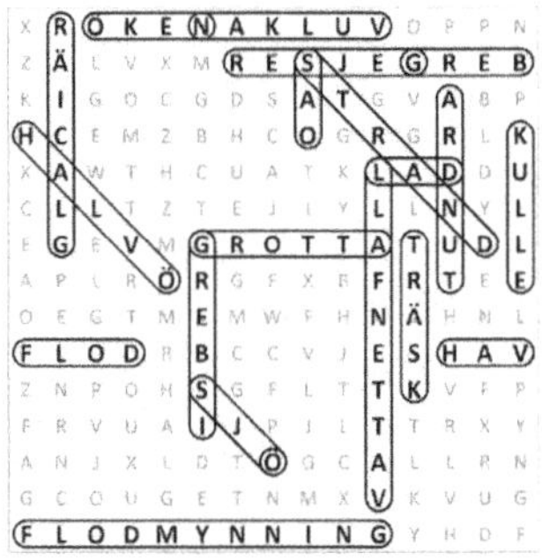

94 - Pays #1

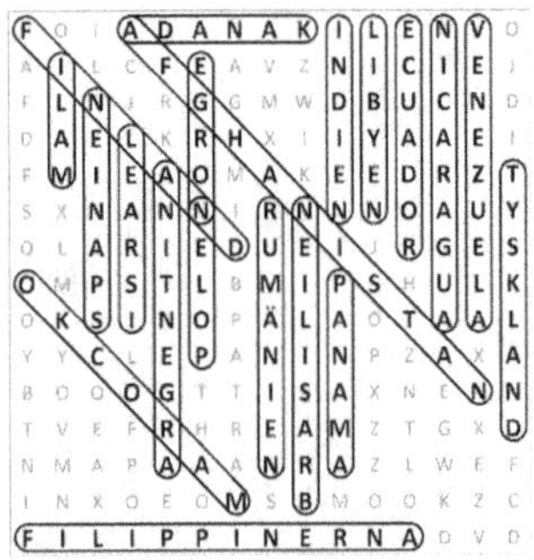

95 - Nombres

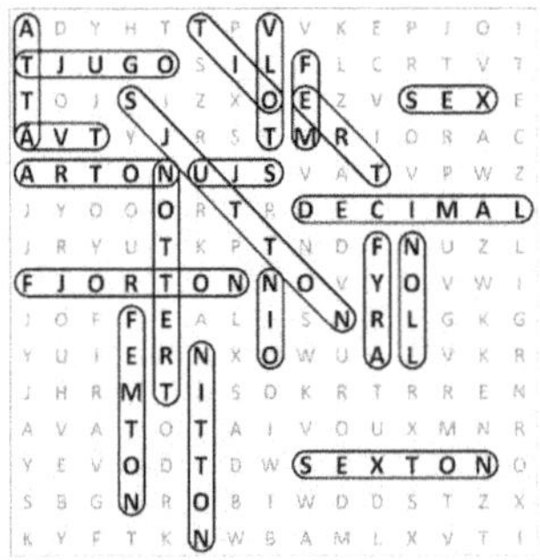

96 - Psychologie

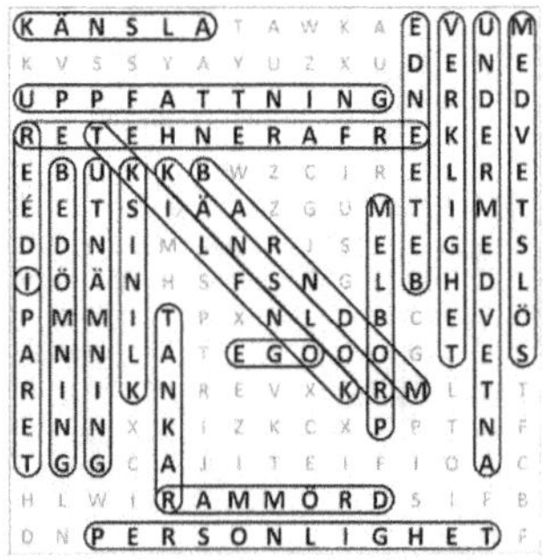

97 - Nature

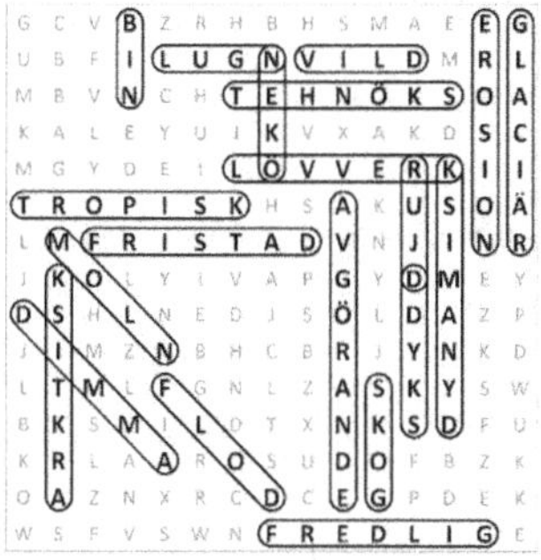

98 - Chimie

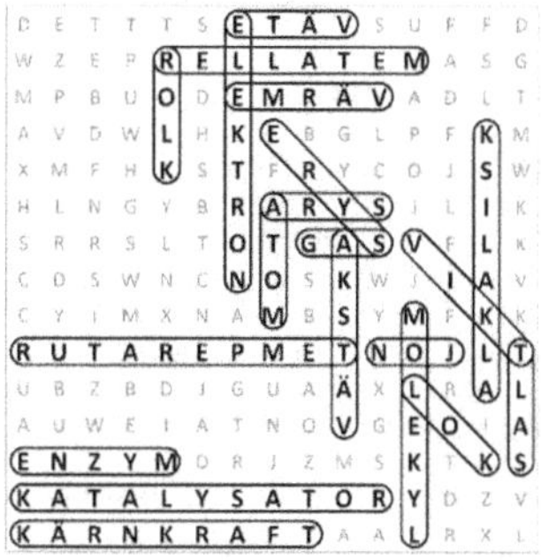

99 - Bateaux

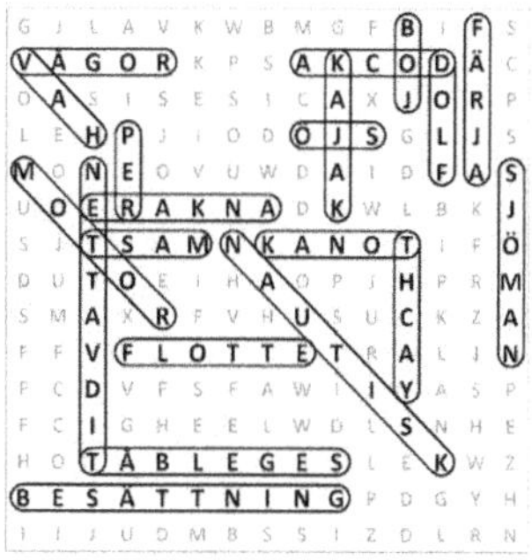

100 - Mesures

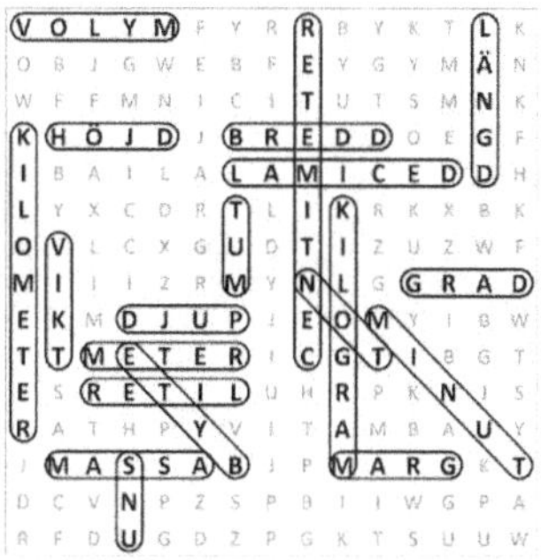

Dictionnaire

Activités
Aktiviteter

Activité	Aktivitet
Art	Konst
Artisanat	Hantverk
Camping	Camping
Céramique	Keramik
Chasse	Jakt
Compétence	Färdighet
Couture	Sömnad
Danse	Dans
Intérêts	Intressen
Jeux	Spel
Lecture	Läsning
Loisir	Fritid
Magie	Magi
Peinture	Målning
Pêche	Fiske
Photographie	Fotografi
Plaisir	Nöje
Randonnée	Vandring
Relaxation	Avkoppling

Adjectifs #1
Adjektiv #1

Absolu	Absolut
Actif	Aktiv
Ambitieux	Ambitiös
Aromatique	Aromatisk
Artistique	Konstnärlig
Attractif	Attraktiv
Beau	Skön
Exotique	Exotisk
Énorme	Enorm
Généreux	Generös
Honnête	Ärlig
Identique	Identisk
Important	Viktig
Innocent	Oskyldig
Jeune	Ung
Lent	Långsam
Lourd	Tung
Mince	Tunn
Moderne	Modern
Parfait	Perfekt

Adjectifs #2
Adjektiv #2

Authentique	Autentisk
Célèbre	Känd
Créatif	Kreativ
Descriptif	Beskrivande
Doué	Begåvad
Dramatique	Dramatisk
Élégant	Elegant
Fier	Stolt
Fort	Stark
Intéressant	Intressant
Naturel	Naturlig
Nouveau	Ny
Productif	Produktiv
Puissant	Kraftfull
Pur	Ren
Responsable	Ansvarig
Sain	Friska
Salé	Salt
Sauvage	Vild
Sec	Torr

Agronomie
Agronomi

Agriculture	Jordbruk
Croissance	Tillväxt
Eau	Vatten
Engrais	Gödsel
Environnement	Miljö
Écologie	Ekologi
Énergie	Energi
Érosion	Erosion
Étude	Studie
Graines	Frön
Identification	Identifiering
Légumes	Grönsaker
Maladies	Sjukdomar
Nourriture	Mat
Pollution	Förorening
Production	Produktion
Recherche	Forskning
Rural	Lantlig
Science	Vetenskap
Systèmes	System

Algèbre
Algebra

Diagramme	Diagram
Exposant	Exponent
Équation	Ekvation
Facteur	Faktor
Faux	Falsk
Formule	Formel
Fraction	Fraktion
Graphique	Graf
Infini	Oändlig
Linéaire	Linjär
Matrice	Matris
Nombre	Siffra
Parenthèse	Parentes
Problème	Problem
Quantité	Kvantitet
Simplifier	Förenkla
Solution	Lösning
Soustraction	Subtraktion
Variable	Variabel
Zéro	Noll

Antarctique
Antarktis

Baie	Vik
Baleines	Valar
Chercheur	Forskare
Conservation	Bevarande
Continent	Kontinent
Eau	Vatten
Environnement	Miljö
Expédition	Expedition
Géographie	Geografi
Glace	Is
Glaciers	Glaciärer
Îles	Öar
Migration	Migration
Minéraux	Mineraler
Oiseaux	Fåglar
Péninsule	Halvö
Rocheux	Stenig
Scientifique	Vetenskaplig
Température	Temperatur
Topographie	Topografi

Antiquités
Antikviteter

Art	Konst
Authentique	Autentisk
Bijoux	Smycken
Décoratif	Dekorativ
Enchères	Auktion
Élégant	Elegant
Galerie	Galleri
Inhabituel	Ovanlig
Investissement	Investering
Meubles	Möbel
Peintures	Målningar
Pièces	Mynt
Prix	Pris
Qualité	Kvalitet
Restauration	Restaurering
Sculpture	Skulptur
Siècle	Århundrade
Style	Stil
Valeur	Värde
Vieux	Gammal

Archéologie
Arkeologi

Analyse	Analys
Antiquité	Antiken
Chercheur	Forskare
Civilisation	Civilisation
Descendant	Ättling
Expert	Expert
Ère	Era
Équipe	Team
Évaluation	Utvärdering
Fossile	Fossil
Inconnu	Okänd
Mystère	Mysterium
Objets	Objekt
Os	Ben
Oublié	Glömt
Poterie	Keramik
Professeur	Professor
Relique	Relik
Temple	Tempel
Tombe	Grav

Astronomie
Astronomi

Astéroïde	Asteroid
Astronaute	Astronaut
Astronome	Astronom
Ciel	Himmel
Constellation	Konstellation
Cosmos	Kosmos
Éclipse	Förmörkelse
Équinoxe	Dagjämning
Fusée	Raket
Galaxie	Galax
Lune	Måne
Météore	Meteor
Nébuleuse	Nebulosa
Observatoire	Observatorium
Planète	Planet
Radiation	Strålning
Solaire	Sol
Supernova	Supernova
Terre	Jord
Univers	Universum

Aventure
Äventyr

Activité	Aktivitet
Beauté	Skönhet
Bravoure	Mod
Chance	Chans
Dangereux	Farlig
Destination	Destination
Difficulté	Svårighet
Enthousiasme	Entusiasm
Excursion	Utflykt
Inhabituel	Ovanlig
Itinéraire	Resväg
Joie	Glädje
Nature	Natur
Navigation	Navigering
Nouveau	Ny
Opportunité	Möjlighet
Préparation	Förberedelse
Sécurité	Säkerhet
Surprenant	Överraskande
Voyages	Resor

Avions
Flygplan

Air	Luft
Atmosphère	Atmosfär
Atterrissage	Landning
Aventure	Äventyr
Ballon	Ballong
Carburant	Bränsle
Ciel	Himmel
Construction	Konstruktion
Descente	Härkomst
Direction	Riktning
Équipage	Besättning
Gonfler	Blåsa Upp
Hauteur	Höjd
Hélices	Propeller
Histoire	Historia
Hydrogène	Väte
Moteur	Motor
Passager	Passagerare
Pilote	Pilot
Turbulence	Turbulens

Ballet
Balett

Applaudissement	Applåder
Artistique	Konstnärlig
Ballerine	Ballerina
Chorégraphie	Koreografi
Compétence	Färdighet
Compositeur	Kompositör
Danseurs	Dansare
Expressif	Uttrycksfull
Geste	Gest
Gracieux	Graciös
Intensité	Intensitet
Muscles	Muskler
Musique	Musik
Orchestre	Orkester
Pratique	Öva
Public	Publik
Répétition	Repetition
Rythme	Rytm
Style	Stil
Technique	Teknik

Barbecues
Grillar

Chaud	Varm
Couteaux	Knivar
Déjeuner	Lunch
Dîner	Middag
Enfants	Barn
Été	Sommar
Faim	Hunger
Famille	Familj
Fruit	Frukt
Gril	Grill
Jeux	Spel
Légumes	Grönsaker
Musique	Musik
Oignons	Lök
Poivre	Peppar
Poulet	Kyckling
Salades	Sallader
Sauce	Sås
Sel	Salt
Tomates	Tomater

Bateaux
Båtar

Ancre	Ankare
Bouée	Boj
Canoë	Kanot
Corde	Rep
Dock	Docka
Équipage	Besättning
Ferry	Färja
Fleuve	Flod
Kayak	Kajak
Lac	Sjö
Marée	Tidvatten
Marin	Sjöman
Mât	Mast
Mer	Hav
Moteur	Motor
Nautique	Nautisk
Radeau	Flotte
Vagues	Vågor
Voilier	Segelbåt
Yacht	Yacht

Bâtiments
Byggnader

Ambassade	Ambassad
Appartement	Lägenhet
Cabine	Stuga
Château	Slott
Cinéma	Bio
École	Skola
Garage	Garage
Grange	Lada
Hôpital	Sjukhus
Hôtel	Hotell
Laboratoire	Laboratorium
Musée	Museum
Observatoire	Observatorium
Stade	Stadion
Supermarché	Mataffär
Tente	Tält
Théâtre	Teater
Tour	Torn
Université	Universitet
Usine	Fabrik

Beauté
Skönhet

Boucles	Lockar
Charme	Charm
Ciseaux	Sax
Cosmétique	Kosmetika
Couleur	Färg
Élégance	Elegans
Élégant	Elegant
Grâce	Nåd
Huiles	Oljor
Lisse	Slät
Maquillage	Smink
Mascara	Mascara
Miroir	Spegel
Parfum	Doft
Peau	Hud
Photogénique	Fotogenisk
Rouge à Lèvres	Läppstift
Services	Tjänster
Shampooing	Schampo
Styliste	Stylist

Biologie
Biologi

Anatomie	Anatomi
Bactéries	Bakterie
Cellule	Cell
Chromosome	Kromosom
Collagène	Kollagen
Embryon	Embryo
Enzyme	Enzym
Évolution	Evolution
Hormone	Hormon
Mammifère	Däggdjur
Mutation	Mutation
Naturel	Naturlig
Nerf	Nerv
Neurone	Nervcell
Osmose	Osmos
Photosynthèse	Fotosyntes
Protéine	Protein
Reptile	Reptil
Symbiose	Symbios
Synapse	Synaps

Boxe
Boxning

Adversaire	Motståndare
Arbitre	Domare
Blessures	Skador
Cloche	Klocka
Coin	Hörn
Combattant	Kämpe
Compétence	Färdighet
Concentrer	Fokus
Cordes	Rep
Corps	Kropp
Coude	Armbåge
Coup	Sparka
Épuisé	Utmattad
Force	Styrka
Gants	Handskar
Menton	Haka
Poing	Näve
Points	Poäng
Rapide	Snabb
Récupération	Återhämtning

Café
Kaffe

Acide	Sur
Amer	Bitter
Arôme	Arom
Boisson	Dryck
Caféine	Koffein
Crème	Grädde
Eau	Vatten
Filtre	Filter
Lait	Mjölk
Liquide	Vätska
Matin	Morgon
Moudre	Slipa
Noir	Svart
Origine	Ursprung
Prix	Pris
Rôti	Rostad
Saveur	Smak
Sucre	Socker
Tasse	Kopp
Variété	Mängd

Camping
Camping

Animaux	Djur
Aventure	Äventyr
Boussole	Kompass
Cabine	Stuga
Canoë	Kanot
Carte	Karta
Chapeau	Hatt
Chasse	Jakt
Corde	Rep
Équipement	Utrustning
Feu	Eld
Forêt	Skog
Hamac	Hängmatta
Insecte	Insekt
Lac	Sjö
Lanterne	Lykta
Lune	Måne
Montagne	Berg
Nature	Natur
Tente	Tält

Chimie
Kemi

Acide	Syra
Alcalin	Alkalisk
Atomique	Atom
Carbone	Kol
Catalyseur	Katalysator
Chaleur	Värme
Chlore	Klor
Enzyme	Enzym
Électron	Elektron
Gaz	Gas
Hydrogène	Väte
Ion	Jon
Liquide	Vätska
Métaux	Metaller
Molécule	Molekyl
Nucléaire	Kärnkraft
Oxygène	Syre
Poids	Vikt
Sel	Salt
Température	Temperatur

Conduite
Körning

Accident	Olycka
Camion	Lastbil
Carburant	Bränsle
Carte	Karta
Danger	Fara
Freins	Bromsar
Garage	Garage
Gaz	Gas
Licence	Licens
Moteur	Motor
Moto	Motorcykel
Piéton	Fotgängare
Police	Polis
Route	Väg
Sécurité	Säkerhet
Trafic	Trafik
Transport	Transport
Tunnel	Tunnel
Vitesse	Hastighet
Voiture	Bil

Corps Humain
Människokroppen

Bouche	Mun
Cerveau	Hjärna
Cheville	Fotled
Cou	Hals
Coude	Armbåge
Cœur	Hjärta
Doigt	Finger
Estomac	Mage
Épaule	Axel
Genou	Knä
Lèvres	Läppar
Main	Hand
Mâchoire	Käke
Menton	Haka
Nez	Näsa
Oreille	Öra
Peau	Hud
Sang	Blod
Tête	Huvud
Visage	Ansikte

Cuisine
Kök

Baguettes	Ätpinnar
Bol	Skål
Bouilloire	Vattenkokare
Congélateur	Frys
Couteaux	Knivar
Cruche	Kanna
Cuillères	Skedar
Épices	Kryddor
Éponge	Svamp
Four	Ugn
Fourchettes	Gafflar
Gril	Grill
Louche	Slev
Nourriture	Mat
Pot	Burk
Recette	Recept
Réfrigérateur	Kylskåp
Serviette	Servett
Tablier	Förkläde
Tasses	Koppar

Danse
Dansa

Académie	Akademi
Art	Konst
Chorégraphie	Koreografi
Classique	Klassisk
Corps	Kropp
Culture	Kultur
Culturel	Kulturell
Expressif	Uttrycksfull
Émotion	Känsla
Grâce	Nåd
Joyeux	Glad
Mouvement	Rörelse
Musique	Musik
Partenaire	Partner
Posture	Hållning
Répétition	Repetition
Rythme	Rytm
Saut	Hoppa
Traditionnel	Traditionell
Visuel	Visuell

Diplomatie
Diplomati

Ambassade	Ambassad
Ambassadeur	Ambassadör
Citoyens	Medborgare
Communauté	Gemenskap
Conflit	Konflikt
Conseiller	Rådgivare
Coopération	Samarbete
Diplomatique	Diplomatisk
Discussion	Diskussion
Éthique	Etik
Étranger	Utländsk
Gouvernement	Regering
Humanitaire	Humanitär
Intégrité	Integritet
Justice	Rättvisa
Politique	Politik
Résolution	Resolution
Sécurité	Säkerhet
Solution	Lösning
Traité	Fördrag

Disciplines Scientifiques
Vetenskapliga Discipliner

Anatomie	Anatomi
Archéologie	Arkeologi
Astronomie	Astronomi
Biochimie	Biokemi
Biologie	Biologi
Botanique	Botanik
Chimie	Kemi
Écologie	Ekologi
Géologie	Geologi
Immunologie	Immunologi
Linguistique	Lingvistik
Mécanique	Mekanik
Météorologie	Meteorologi
Minéralogie	Mineralogi
Neurologie	Neurologi
Physiologie	Fysiologi
Psychologie	Psykologi
Sociologie	Sociologi
Thermodynamique	Termodynamik
Zoologie	Zoologi

Eau
Vatten

Canal	Kanal
Douche	Dusch
Évaporation	Avdunstning
Fleuve	Flod
Gel	Frost
Geyser	Gejser
Glace	Is
Humide	Fuktig
Humidité	Fukt
Inondation	Översvämning
Irrigation	Bevattning
Lac	Sjö
Mousson	Monsun
Neige	Snö
Océan	Hav
Ouragan	Orkan
Pluie	Regn
Potable	Drickbar
Vagues	Vågor
Vapeur	Ånga

Entreprise
Företag

Argent	Pengar
Boutique	Butik
Budget	Budget
Bureau	Kontor
Carrière	Karriär
Coût	Kosta
Devise	Valuta
Employeur	Arbetsgivare
Employé	Anställd
Entreprise	Företag
Économie	Ekonomi
Finance	Finans
Impôts	Skatter
Investissement	Investering
Marchandise	Varor
Profit	Vinst
Revenu	Inkomst
Transaction	Transaktion
Usine	Fabrik
Vente	Försäljning

Écologie
Ekologi

Bénévoles	Frivilliga
Climat	Klimat
Communautés	Samhällen
Diversité	Mångfald
Durable	Hållbar
Espèce	Art
Faune	Fauna
Flore	Flora
Habitat	Livsmiljö
Marais	Kärr
Marin	Marin
Montagnes	Berg
Nature	Natur
Naturel	Naturlig
Plantes	Växter
Ressources	Medel
Sécheresse	Torka
Survie	Överlevnad
Variété	Mängd
Végétation	Vegetation

Électricité

El

Aimant	Magnet
Ampoule	Glödlampa
Batterie	Batteri
Câble	Kabel
Électricien	Elektriker
Électrique	Elektrisk
Équipement	Utrustning
Fils	Tråd
Générateur	Generator
Lampe	Lampa
Laser	Laser
Négatif	Negativ
Objets	Objekt
Positif	Positiv
Prise	Uttag
Quantité	Kvantitet
Réseau	Nätverk
Stockage	Lagring
Téléphone	Telefon
Télévision	Tv

Énergie

Energi

Batterie	Batteri
Carbone	Kol
Carburant	Bränsle
Chaleur	Värme
Diesel	Diesel
Entropie	Entropi
Environnement	Miljö
Essence	Bensin
Électrique	Elektrisk
Électron	Elektron
Hydrogène	Väte
Industrie	Industri
Moteur	Motor
Nucléaire	Kärnkraft
Photon	Foton
Pollution	Förorening
Renouvelable	Förnybar
Soleil	Sol
Turbine	Turbin
Vent	Vind

Épices

Kryddor

Aigre	Sur
Ail	Vitlök
Amer	Bitter
Anis	Anis
Cannelle	Kanel
Cardamome	Kardemumma
Coriandre	Koriander
Cumin	Kummin
Curry	Curry
Fenouil	Fänkål
Gingembre	Ingefära
Muscade	Muskot
Oignon	Lök
Paprika	Paprika
Poivre	Peppar
Réglisse	Lakrits
Safran	Saffran
Saveur	Smak
Sel	Salt
Vanille	Vanilj

Éthique

Etik

Altruisme	Altruism
Compassion	Medkänsla
Coopération	Samarbete
Dignité	Värdighet
Diplomatique	Diplomatisk
Gentillesse	Vänlighet
Honnêteté	Ärlighet
Humanité	Mänskligheten
Individualisme	Individualism
Intégrité	Integritet
Optimisme	Optimism
Patience	Tålamod
Philosophie	Filosofi
Raisonnable	Rimlig
Rationalité	Rationalitet
Respectueux	Respektfull
Réalisme	Realism
Sagesse	Visdom
Tolérance	Tolerans
Valeurs	Värden

Famille

Familj

Ancêtre	Förfader
Cousin	Kusin
Enfance	Barndom
Enfant	Barn
Femme	Fru
Fille	Dotter
Frère	Bror
Grand-Mère	Mormor
Grand-Père	Farfar
Mari	Make
Maternel	Moderns
Mère	Mor
Neveu	Brorson
Nièce	Syskonbarn
Oncle	Farbror
Paternel	Faderlig
Petit-Fils	Barnbarn
Père	Far
Soeur	Syster
Tante	Moster

Ferme #1

Gård #1

Abeille	Bi
Agriculture	Jordbruk
Âne	Åsna
Bison	Bisonoxe
Champ	Fält
Chat	Katt
Cheval	Häst
Chèvre	Get
Chien	Hund
Clôture	Staket
Corbeau	Kråka
Eau	Vatten
Engrais	Gödsel
Foin	Hö
Miel	Honung
Poulet	Kyckling
Riz	Ris
Troupeau	Flock
Vache	Ko
Veau	Kalv

Ferme #2
Gård #2

Agneau	Lamm
Agriculteur	Bonde
Animaux	Djur
Berger	Herde
Blé	Vete
Canard	Anka
Fruit	Frukt
Grange	Lada
Irrigation	Bevattning
Lait	Mjölk
Lama	Lama
Légume	Grönsak
Maïs	Majs
Mouton	Får
Nourriture	Mat
Orge	Korn
Pré	Äng
Ruche	Bikupa
Tracteur	Traktor
Verger	Fruktträdgård

Fleurs
Blommor

Bouquet	Bukett
Gardénia	Gardenia
Hibiscus	Hibiskus
Jasmin	Jasmin
Jonquille	Påsklilja
Lavande	Lavendel
Lilas	Lila
Lys	Lilja
Magnolia	Magnolia
Marguerite	Tusensköna
Orchidée	Orkidé
Passiflore	Passionflower
Pavot	Vallmo
Pétale	Kronblad
Pissenlit	Maskros
Pivoine	Pion
Plumeria	Plumeria
Tournesol	Solros
Trèfle	Klöver
Tulipe	Tulpan

Force et Gravité
Kraft och Gravitation

Axe	Axel
Centre	Centrum
Découverte	Upptäckt
Distance	Avstånd
Dynamique	Dynamisk
Expansion	Expansion
Friction	Friktion
Impact	Effekt
Magnétisme	Magnetism
Mécanique	Mekanik
Mouvement	Rörelse
Orbite	Omloppsbana
Physique	Fysik
Planètes	Planeter
Poids	Vikt
Pression	Tryck
Propriétés	Egenskaper
Temps	Tid
Universel	Universell
Vitesse	Hastighet

Forêt Tropicale
Regnskog

Amphibiens	Amfibier
Botanique	Botanisk
Climat	Klimat
Communauté	Gemenskap
Diversité	Mångfald
Espèce	Art
Indigène	Inhemsk
Insectes	Insekter
Jungle	Djungel
Mammifères	Däggdjur
Mousse	Mossa
Nature	Natur
Nuage	Moln
Oiseaux	Fåglar
Précieux	Värdefull
Préservation	Bevarande
Refuge	Tillflykt
Respect	Respekt
Restauration	Restaurering
Survie	Överlevnad

Formes
Former

Arc	Båge
Bords	Kanter
Carré	Torg
Cercle	Cirkel
Coin	Hörn
Courbe	Kurva
Cône	Kon
Côté	Sida
Cube	Kub
Cylindre	Cylinder
Ellipse	Ellips
Hyperbole	Hyperbel
Ligne	Linje
Ovale	Oval
Polygone	Polygon
Prisme	Prisma
Pyramide	Pyramid
Rectangle	Rektangel
Sphère	Sfär
Triangle	Triangel

Fournitures d'Art
Konstmaterial

Acrylique	Akryl
Aquarelles	Akvareller
Argile	Lera
Brosses	Borstar
Caméra	Kamera
Chaise	Stol
Charbon	Träkol
Chevalet	Staffli
Colle	Lim
Couleurs	Färger
Crayons	Pennor
Créativité	Kreativitet
Eau	Vatten
Encre	Bläck
Gomme	Suddgummi
Huile	Olja
Idées	Idéer
Papier	Papper
Peinture	Färg
Table	Tabell

Fruit
Frukt

Abricot	Aprikos
Ananas	Ananas
Avocat	Avokado
Baie	Bär
Banane	Banan
Cerise	Körsbär
Citron	Citron
Figue	Fikon
Framboise	Hallon
Goyave	Guava
Kiwi	Kiwi
Mangue	Mango
Melon	Melon
Nectarine	Nektarin
Orange	Apelsin
Papaye	Papaya
Pêche	Persika
Poire	Päron
Pomme	Äpple
Raisin	Druva

Géographie
Geografi

Altitude	Höjd
Atlas	Atlas
Carte	Karta
Continent	Kontinent
Fleuve	Flod
Hémisphère	Halvklot
Île	Ö
Latitude	Breddgrad
Longitude	Longitud
Mer	Hav
Méridien	Meridian
Monde	Värld
Montagne	Berg
Nord	Norr
Ouest	Väst
Pays	Land
Région	Område
Sud	Söder
Territoire	Territorium
Ville	Stad

Géologie
Geologi

Acide	Syra
Calcium	Kalcium
Caverne	Grotta
Continent	Kontinent
Corail	Korall
Couche	Lager
Cristaux	Kristaller
Érosion	Erosion
Fondu	Smält
Fossile	Fossil
Geyser	Gejser
Lave	Lava
Minéraux	Mineraler
Pierre	Sten
Plateau	Platå
Quartz	Kvarts
Sel	Salt
Stalactite	Stalaktit
Volcan	Vulkan
Zone	Zon

Géométrie
Geometri

Angle	Vinkel
Calcul	Beräkning
Cercle	Cirkel
Courbe	Kurva
Diamètre	Diameter
Dimension	Dimension
Équation	Ekvation
Hauteur	Höjd
Logique	Logik
Masse	Massa
Médian	Median
Nombre	Siffra
Parallèle	Parallell
Proportion	Andel
Segment	Segment
Surface	Yta
Symétrie	Symmetri
Théorie	Teori
Triangle	Triangel
Vertical	Vertikal

Gouvernement
Regeringen

Citoyenneté	Medborgarskap
Civil	Civil
Constitution	Konstitution
Démocratie	Demokrati
Discours	Tal
Discussion	Diskussion
Droits	Rättigheter
Égalité	Jämlikhet
État	Stat
Indépendance	Oberoende
Judiciaire	Rättslig
Justice	Rättvisa
Liberté	Frihet
Loi	Lag
Monument	Monument
Nation	Nation
National	Nationell
Paisible	Fredlig
Politique	Politik
Symbole	Symbol

Herboristerie
Herbalism

Ail	Vitlök
Aromatique	Aromatisk
Basilic	Basilika
Bénéfique	Välgörande
Culinaire	Kulinarisk
Estragon	Dragon
Fenouil	Fänkål
Fleur	Blomma
Ingrédient	Ingrediens
Jardin	Trädgård
Lavande	Lavendel
Marjolaine	Mejram
Menthe	Mynta
Persil	Persilja
Qualité	Kvalitet
Romarin	Rosmarin
Safran	Saffran
Saveur	Smak
Thym	Timjan
Vert	Grön

Ingénierie
Teknik

Angle	Vinkel
Axe	Axel
Calcul	Beräkning
Construction	Konstruktion
Diagramme	Diagram
Diamètre	Diameter
Diesel	Diesel
Distribution	Distribution
Engrenages	Redskap
Énergie	Energi
Force	Styrka
Liquide	Vätska
Machine	Maskin
Mesure	Mätning
Moteur	Motor
Profondeur	Djup
Propulsion	Framdrivning
Rotation	Rotation
Stabilité	Stabilitet
Structure	Struktur

Instruments de Musique
Musikinstrument

Banjo	Banjo
Basson	Fagott
Clarinette	Klarinett
Flûte	Flöjt
Gong	Gong
Guitare	Gitarr
Harmonica	Munspel
Harpe	Harpa
Hautbois	Oboe
Mandoline	Mandolin
Marimba	Marimba
Percussion	Slagverk
Piano	Piano
Saxophone	Saxofon
Tambour	Trumma
Tambourin	Tamburin
Trombone	Trombon
Trompette	Trumpet
Violon	Fiol
Violoncelle	Cello

Jardin
Trädgård

Arbre	Träd
Banc	Bänk
Buisson	Buske
Clôture	Staket
Étang	Damm
Fleur	Blomma
Garage	Garage
Hamac	Hängmatta
Herbe	Gräs
Jardin	Trädgård
Mauvaises Herbes	Ogräs
Pelle	Skyffel
Pelouse	Gräsmatta
Râteau	Räfsa
Sol	Jord
Terrasse	Terrass
Trampoline	Trampolin
Tuyau	Slang
Verger	Fruktträdgård
Vigne	Vin

Jazz
Jazz

Accent	Betoning
Album	Album
Applaudissement	Applåder
Artiste	Konstnär
Célèbre	Känd
Chanson	Låt
Compositeur	Kompositör
Concert	Konsert
Favoris	Favoriter
Genre	Genre
Improvisation	Improvisation
Musique	Musik
Nouveau	Ny
Orchestre	Orkester
Rythme	Rytm
Style	Stil
Talent	Talang
Tambours	Trummor
Technique	Teknik
Vieux	Gammal

Jours et Mois
Dagar och Månader

Août	Augusti
Avril	April
Calendrier	Kalender
Dimanche	Söndag
Février	Februari
Janvier	Januari
Jeudi	Torsdag
Juillet	Juli
Juin	Juni
Lundi	Måndag
Mardi	Tisdag
Mars	Mars
Mercredi	Onsdag
Mois	Månad
Novembre	November
Octobre	Oktober
Samedi	Lördag
Semaine	Vecka
Septembre	September
Vendredi	Fredag

L'Entreprise
Företaget

Affaires	Företag
Créatif	Kreativ
Décision	Beslut
Global	Global
Industrie	Industri
Innovant	Innovativt
Investissement	Investering
Possibilité	Möjlighet
Présentation	Presentation
Produit	Produkt
Professionnel	Professionell
Progrès	Framsteg
Qualité	Kvalitet
Ressources	Medel
Revenu	Inkomst
Réputation	Rykte
Risques	Risker
Salaire	Lön
Tendances	Trender
Unités	Enheter

Les Abeilles
Bin

Ailes	Vingar
Bénéfique	Välgörande
Cire	Vax
Diversité	Mångfald
Essaim	Svärm
Écosystème	Ekosystem
Fleur	Blomma
Fleurs	Blommor
Fruit	Frukt
Fumée	Rök
Habitat	Livsmiljö
Insecte	Insekt
Jardin	Trädgård
Miel	Honung
Nourriture	Mat
Plantes	Växter
Pollen	Pollen
Reine	Drottning
Ruche	Bikupa
Soleil	Sol

Les Médias
Medium

Attitudes	Attityder
Commercial	Kommersiell
Communication	Kommunikation
En Ligne	Uppkopplad
Édition	Utgåva
Éducation	Utbildning
Faits	Fakta
Images	Bilder
Individuel	Enskild
Industrie	Industri
Intellectuel	Intellektuell
Journaux	Tidningar
Local	Lokal
Numérique	Digital
Opinion	Åsikt
Photos	Foton
Public	Offentlig
Radio	Radio
Réseau	Nätverk
Télévision	Tv

Légumes
Grönsaker

Ail	Vitlök
Artichaut	Kronärtskocka
Aubergine	Äggplanta
Brocoli	Broccoli
Carotte	Morot
Céleri	Selleri
Champignon	Svamp
Citrouille	Pumpa
Concombre	Gurka
Échalote	Schalottenlök
Épinard	Spenat
Gingembre	Ingefära
Navet	Rova
Oignon	Lök
Olive	Oliv
Persil	Persilja
Pois	Ärta
Radis	Rädisa
Salade	Sallad
Tomate	Tomat

Littérature
Litteratur

Analogie	Analogi
Analyse	Analys
Anecdote	Anekdot
Auteur	Författare
Biographie	Biografi
Comparaison	Jämförelse
Conclusion	Slutsats
Description	Beskrivning
Dialogue	Dialog
Métaphore	Metafor
Narrateur	Berättare
Opinion	Åsikt
Poème	Dikt
Poétique	Poetisk
Rime	Rim
Roman	Roman
Rythme	Rytm
Style	Stil
Thème	Tema
Tragédie	Tragedi

Livres
Böcker

Auteur	Författare
Aventure	Äventyr
Collection	Samling
Contexte	Sammanhang
Dualité	Dualitet
Écrit	Skrivs
Épique	Episk
Histoire	Berättelse
Historique	Historisk
Humoristique	Humoristisk
Lecteur	Läsare
Littéraire	Litterär
Narrateur	Berättare
Page	Sida
Pertinent	Relevant
Poème	Dikt
Poésie	Poesi
Roman	Roman
Série	Rad
Tragique	Tragisk

Maison
Hus

Balai	Kvast
Bibliothèque	Bibliotek
Chambre	Rum
Cheminée	Skorsten
Clés	Nycklar
Clôture	Staket
Cuisine	Kök
Douche	Dusch
Fenêtre	Fönster
Garage	Garage
Grenier	Vind
Jardin	Trädgård
Lampe	Lampa
Miroir	Spegel
Mur	Vägg
Porte	Dörr
Rideaux	Gardiner
Sous-Sol	Källare
Tapis	Matta
Toit	Tak

Maladie
Sjukdom

Abdominal	Buk
Aigu	Akut
Allergies	Allergier
Chronique	Kronisk
Contagieux	Smittsam
Corps	Kropp
Cœur	Hjärta
Faible	Svag
Génétique	Genetisk
Héréditaire	Ärftlig
Immunité	Immunitet
Inflammation	Inflammation
Lombaire	Ländryggen
Neuropathie	Neuropati
Os	Ben
Pulmonaire	Pulmonell
Respiratoire	Respiratorisk
Santé	Hälsa
Syndrome	Syndrom
Thérapie	Terapi

Mammifères
Däggdjur

Baleine	Val
Chat	Katt
Cheval	Häst
Chien	Hund
Coyote	Prärievarg
Dauphin	Delfin
Éléphant	Elefant
Girafe	Giraff
Gorille	Gorilla
Kangourou	Känguru
Lapin	Kanin
Lion	Lejon
Loup	Varg
Mouton	Får
Ours	Björn
Renard	Räv
Singe	Apa
Taureau	Tjur
Tigre	Tiger
Zèbre	Zebra

Mathématiques
Matematik

Angles	Vinklar
Arithmétique	Aritmetisk
Carré	Torg
Circonférence	Omkrets
Décimal	Decimal
Diamètre	Diameter
Exposant	Exponent
Équation	Ekvation
Fraction	Fraktion
Géométrie	Geometri
Parallèle	Parallell
Perpendiculaire	Vinkelrät
Polygone	Polygon
Rayon	Radie
Rectangle	Rektangel
Somme	Summa
Sphère	Sfär
Symétrie	Symmetri
Triangle	Triangel
Volume	Volym

Mesures
Mått

Centimètre	Centimeter
Degré	Grad
Décimal	Decimal
Gramme	Gram
Hauteur	Höjd
Kilogramme	Kilogram
Kilomètre	Kilometer
Largeur	Bredd
Litre	Liter
Longueur	Längd
Masse	Massa
Mètre	Meter
Minute	Minut
Octet	Byte
Once	Uns
Poids	Vikt
Pouce	Tum
Profondeur	Djup
Tonne	Ton
Volume	Volym

Méditation
Meditation

Acceptation	Godkännande
Attention	Uppmärksamhet
Calme	Lugn
Clarté	Klarhet
Compassion	Medkänsla
Émotions	Känslor
Éveillé	Vaken
Gentillesse	Vänlighet
Gratitude	Tacksamhet
Habitudes	Vanor
Mental	Psykisk
Mouvement	Rörelse
Musique	Musik
Nature	Natur
Observation	Observation
Paix	Fred
Perspective	Perspektiv
Posture	Hållning
Respiration	Andas
Silence	Tystnad

Météo
Väder

Arc-En-Ciel	Regnbåge
Atmosphère	Atmosfär
Brise	Bris
Brouillard	Dimma
Calme	Lugn
Ciel	Himmel
Climat	Klimat
Glace	Is
Mousson	Monsun
Nuage	Moln
Ouragan	Orkan
Polaire	Polära
Sec	Torr
Sécheresse	Torka
Température	Temperatur
Tempête	Storm
Tonnerre	Åska
Tornade	Tromb
Tropical	Tropisk
Vent	Vind

Mode
Mode

Abordable	Prisvärd
Boutique	Boutique
Boutons	Knappar
Broderie	Broderi
Cher	Dyr
Dentelle	Spets
Élégant	Elegant
Minimaliste	Minimalistisk
Moderne	Modern
Modeste	Blygsam
Modèle	Mönster
Original	Original
Pratique	Praktisk
Simple	Enkel
Sophistiqué	Sofistikerad
Style	Stil
Tendance	Trend
Texture	Textur
Tissu	Tyg
Vêtements	Kläder

Musique
Musik

Album	Album
Ballade	Ballad
Chanter	Sjunga
Chanteur	Sångare
Classique	Klassisk
Enregistrement	Inspelning
Harmonie	Harmoni
Harmonique	Harmonisk
Instrument	Instrument
Lyrique	Lyrisk
Mélodie	Melodi
Microphone	Mikrofon
Musical	Musikalisk
Musicien	Musiker
Opéra	Opera
Poétique	Poetisk
Rythme	Rytm
Rythmique	Rytmisk
Tempo	Tempo
Vocal	Sång

Mythologie
Mytologi

Archétype	Arketyp
Catastrophe	Katastrof
Comportement	Beteende
Création	Skapande
Créature	Varelse
Croyances	Tro
Culture	Kultur
Éclair	Blixt
Force	Styrka
Guerrier	Krigare
Héros	Hjälte
Immortalité	Odödlighet
Jalousie	Svartsjuka
Labyrinthe	Labyrint
Légende	Legend
Magique	Magisk
Monstre	Monster
Mortel	Dödlig
Tonnerre	Åska
Vengeance	Hämnd

Nature
Natur

Abeilles	Bin
Abri	Skydd
Animaux	Djur
Arctique	Arktisk
Beauté	Skönhet
Brouillard	Dimma
Désert	Öken
Dynamique	Dynamisk
Érosion	Erosion
Feuillage	Lövverk
Fleuve	Flod
Forêt	Skog
Glacier	Glaciär
Nuage	Moln
Paisible	Fredlig
Sanctuaire	Fristad
Sauvage	Vild
Serein	Lugn
Tropical	Tropisk
Vital	Avgörande

Nombres
Nummer

Cinq	Fem
Deux	Två
Décimal	Decimal
Dix	Tio
Dix-Huit	Arton
Dix-Neuf	Nitton
Dix-Sept	Sjutton
Douze	Tolv
Huit	Åtta
Neuf	Nio
Quatorze	Fjorton
Quatre	Fyra
Quinze	Femton
Seize	Sexton
Sept	Sju
Six	Sex
Treize	Tretton
Trois	Tre
Vingt	Tjugo
Zéro	Noll

Nourriture #1
Mat #1

Ail	Vitlök
Basilic	Basilika
Café	Kaffe
Cannelle	Kanel
Carotte	Morot
Citron	Citron
Épinard	Spenat
Fraise	Jordgubb
Jus	Juice
Lait	Mjölk
Navet	Rova
Oignon	Lök
Orge	Korn
Poire	Päron
Salade	Sallad
Sel	Salt
Soupe	Soppa
Sucre	Socker
Thon	Tonfisk
Viande	Kött

Nourriture #2
Mat #2

Amande	Mandel
Aubergine	Äggplanta
Banane	Banan
Blé	Vete
Brocoli	Broccoli
Cerise	Körsbär
Céleri	Selleri
Champignon	Svamp
Chocolat	Choklad
Jambon	Skinka
Kiwi	Kiwi
Mangue	Mango
Oeuf	Ägg
Pain	Bröd
Poisson	Fisk
Pomme	Äpple
Poulet	Kyckling
Raisin	Druva
Riz	Ris
Tomate	Tomat

Nutrition
Näring

Amer	Bitter
Appétit	Aptit
Calories	Kalorier
Comestible	Ätlig
Diète	Kost
Digestion	Matsmältning
Épices	Kryddor
Équilibré	Balanserad
Fermentation	Jäsning
Glucides	Kolhydrater
Liquides	Vätskor
Poids	Vikt
Protéines	Proteiner
Qualité	Kvalitet
Sain	Friska
Santé	Hälsa
Sauce	Sås
Saveur	Smak
Toxine	Toxin
Vitamine	Vitamin

Océan
Hav

Algue	Tång
Anguille	Ål
Baleine	Val
Bateau	Båt
Corail	Korall
Crabe	Krabba
Crevette	Räka
Dauphin	Delfin
Éponge	Svamp
Huître	Ostron
Méduse	Manet
Poisson	Fisk
Poulpe	Bläckfisk
Requin	Haj
Récif	Rev
Sel	Salt
Tempête	Storm
Thon	Tonfisk
Tortue	Sköldpadda
Vagues	Vågor

Oiseaux
Fåglar

Aigle	Örn
Autruche	Struts
Canard	Anka
Cigogne	Stork
Colombe	Duva
Corbeau	Korp
Coucou	Gök
Cygne	Svan
Flamant	Flamingo
Héron	Häger
Manchot	Pingvin
Moineau	Sparv
Mouette	Mås
Oeuf	Ägg
Oie	Gås
Paon	Påfågel
Perroquet	Papegoja
Pélican	Pelikan
Poulet	Kyckling
Toucan	Toucan

Pays #1
Länder #1

Afghanistan	Afghanistan
Allemagne	Tyskland
Argentine	Argentina
Brésil	Brasilien
Canada	Kanada
Espagne	Spanien
Équateur	Ecuador
Finlande	Finland
Inde	Indien
Israël	Israel
Libye	Libyen
Mali	Mali
Maroc	Marocko
Nicaragua	Nicaragua
Norvège	Norge
Panama	Panama
Philippines	Filippinerna
Pologne	Polen
Roumanie	Rumänien
Venezuela	Venezuela

Pays #2
Länder #2

Albanie	Albanien
Chine	Kina
Danemark	Danmark
France	Frankrike
Haïti	Haiti
Indonésie	Indonesien
Irlande	Irland
Jamaïque	Jamaica
Japon	Japan
Kenya	Kenya
Laos	Laos
Liban	Libanon
Mexique	Mexico
Ouganda	Uganda
Pakistan	Pakistan
Russie	Ryssland
Somalie	Somalia
Soudan	Sudan
Syrie	Syrien
Ukraine	Ukraina

Paysages
Landskap

Cascade	Vattenfall
Colline	Kulle
Désert	Öken
Estuaire	Flodmynning
Fleuve	Flod
Geyser	Gejser
Glacier	Glaciär
Grotte	Grotta
Iceberg	Isberg
Île	Ö
Lac	Sjö
Marais	Träsk
Mer	Hav
Montagne	Berg
Oasis	Oas
Péninsule	Halvö
Plage	Strand
Toundra	Tundra
Vallée	Dal
Volcan	Vulkan

Philanthropie
Filantropi

Besoin	Behöver
Buts	Mål
Charité	Välgörenhet
Communauté	Gemenskap
Contacts	Kontakter
Défis	Utmaningar
Enfants	Barn
Finance	Finans
Fonds	Medel
Gens	Människor
Générosité	Generositet
Global	Global
Groupes	Grupper
Histoire	Historia
Honnêteté	Ärlighet
Humanité	Mänskligheten
Jeunesse	Ungdom
Mission	Uppdrag
Programmes	Program
Public	Offentlig

Physique
Fysik

Accélération	Acceleration
Atome	Atom
Chaos	Kaos
Chimique	Kemisk
Densité	Densitet
Électron	Elektron
Formule	Formel
Fréquence	Frekvens
Gaz	Gas
Gravité	Allvar
Magnétisme	Magnetism
Masse	Massa
Mécanique	Mekanik
Molécule	Molekyl
Moteur	Motor
Nucléaire	Kärnkraft
Particule	Partikel
Relativité	Relativitet
Universel	Universell
Vitesse	Hastighet

Plantes
Växter

Arbre	Träd
Baie	Bär
Bambou	Bambu
Botanique	Botanik
Buisson	Buske
Cactus	Kaktus
Engrais	Gödsel
Feuillage	Lövverk
Fleur	Blomma
Flore	Flora
Forêt	Skog
Grandir	Växa
Haricot	Böna
Herbe	Gräs
Jardin	Trädgård
Lierre	Murgröna
Mousse	Mossa
Pétale	Kronblad
Racine	Rot
Végétation	Vegetation

Professions #1
Yrken # 1

Ambassadeur	Ambassadör
Astronome	Astronom
Avocat	Advokat
Banquier	Bankir
Bijoutier	Juvelerare
Cartographe	Kartograf
Chasseur	Jägare
Danseur	Dansare
Entraîneur	Tränare
Éditeur	Redaktör
Géologue	Geolog
Infirmière	Sjuksköterska
Médecin	Läkare
Musicien	Musiker
Pianiste	Pianist
Plombier	Rörmokare
Pompier	Brandman
Psychologue	Psykolog
Scientifique	Forskare
Vétérinaire	Veterinär

Professions #2
Yrken # 2

Astronaute	Astronaut
Bibliothécaire	Bibliotekarie
Biologiste	Biolog
Chercheur	Forskare
Chirurgien	Kirurg
Dentiste	Tandläkare
Détective	Detektiv
Enquêteur	Utredare
Enseignant	Lärare
Illustrateur	Illustratör
Ingénieur	Ingenjör
Inventeur	Uppfinnare
Journaliste	Journalist
Linguiste	Lingvist
Médecin	Läkare
Peintre	Målare
Philosophe	Filosof
Photographe	Fotograf
Pilote	Pilot
Zoologiste	Zoolog

Psychologie
Psykologi

Clinique	Klinisk
Comportement	Beteende
Conflit	Konflikt
Ego	Ego
Enfance	Barndom
Expériences	Erfarenheter
Émotions	Känslor
Évaluation	Bedömning
Idées	Idéer
Inconscient	Medvetslös
Pensées	Tankar
Perception	Uppfattning
Personnalité	Personlighet
Problème	Problem
Rendez-Vous	Utnämning
Réalité	Verklighet
Rêves	Drömmar
Sensation	Känsla
Subconscient	Undermedvetna
Thérapie	Terapi

Randonnée
Vandring

Animaux	Djur
Bottes	Stövlar
Camping	Camping
Carte	Karta
Climat	Klimat
Eau	Vatten
Falaise	Klippa
Fatigué	Trött
Guides	Guide
Lourd	Tung
Météo	Väder
Montagne	Berg
Nature	Natur
Orientation	Orientering
Parcs	Parker
Pierres	Stenar
Préparation	Förberedelse
Sauvage	Vild
Soleil	Sol
Sommet	Toppmöte

Restaurant #2
Restaurang nr 2

Boisson	Dryck
Chaise	Stol
Cuillère	Sked
Déjeuner	Lunch
Délicieux	Läcker
Dîner	Middag
Eau	Vatten
Épices	Kryddor
Fourchette	Gaffel
Fruit	Frukt
Gâteau	Kaka
Glace	Is
Légumes	Grönsaker
Nouilles	Nudlar
Oeuf	Ägg
Poisson	Fisk
Salade	Sallad
Sel	Salt
Serveur	Servitör
Soupe	Soppa

Réchauffement Climatique
Global Uppvärmning

Arctique	Arktisk
Attention	Uppmärksamhet
Climat	Klimat
Conséquences	Konsekvenser
Crise	Kris
Développement	Utveckling
Données	Data
Environnemental	Miljö
Énergie	Energi
Futur	Framtid
Gaz	Gas
Générations	Generationer
Gouvernement	Regering
Habitats	Livsmiljöer
Industrie	Industri
Législation	Lagstiftning
Maintenant	Nu
Populations	Befolkningar
Scientifique	Forskare
Températures	Temperaturer

Santé et Bien-Être #1
Hälsa och Välbefinnande

Actif	Aktiv
Bactéries	Bakterie
Blessure	Skada
Clinique	Klinik
Faim	Hunger
Fracture	Fraktur
Habitude	Vana
Hauteur	Höjd
Hormone	Hormoner
Médecin	Läkare
Médicament	Medicin
Muscles	Muskler
Os	Ben
Peau	Hud
Pharmacie	Apotek
Posture	Hållning
Réflexe	Reflex
Thérapie	Terapi
Traitement	Behandling
Virus	Virus

Santé et Bien-Être #2
Hälsa och Välbefinnande

Allergie	Allergi
Anatomie	Anatomi
Appétit	Aptit
Calorie	Kalori
Corps	Kropp
Déshydratation	Uttorkning
Énergie	Energi
Génétique	Genetik
Hôpital	Sjukhus
Hygiène	Hygien
Infection	Infektion
Maladie	Sjukdom
Massage	Massage
Nutrition	Näring
Poids	Vikt
Récupération	Återhämtning
Sain	Friska
Sang	Blod
Stress	Påfrestning
Vitamine	Vitamin

Science

Vetenskap

Atome	Atom
Chimique	Kemisk
Climat	Klimat
Données	Data
Expérience	Experiment
Évolution	Evolution
Fait	Faktum
Fossile	Fossil
Gravité	Allvar
Hypothèse	Hypotes
Laboratoire	Laboratorium
Méthode	Metod
Minéraux	Mineraler
Molécules	Molekyler
Nature	Natur
Observation	Observation
Organisme	Organism
Particules	Partiklar
Physique	Fysik
Scientifique	Forskare

Science-Fiction

Science Fiction

Atomique	Atom
Cinéma	Bio
Explosion	Explosion
Extrême	Extrem
Fantastique	Fantastisk
Feu	Eld
Futuriste	Trogen
Galaxie	Galax
Illusion	Illusion
Imaginaire	Imaginär
Livres	Böcker
Monde	Värld
Mystérieux	Mystisk
Oracle	Orakel
Planète	Planet
Réaliste	Realistisk
Robots	Robotar
Scénario	Scenario
Technologie	Teknik
Utopie	Utopi

Temps

Tid

Année	År
Annuel	Årlig
Après	Efter
Avant	Före
Bientôt	Snart
Calendrier	Kalender
Décennie	Årtionde
Futur	Framtid
Heure	Timme
Hier	Igår
Horloge	Klocka
Jour	Dag
Maintenant	Nu
Matin	Morgon
Midi	Middag
Minute	Minut
Mois	Månad
Nuit	Natt
Semaine	Vecka
Siècle	Århundrade

Types de Cheveux

Hårtyper

Argent	Silver
Blanc	Vit
Blond	Blond
Boucles	Lockar
Brillant	Skinande
Chauve	Skallig
Coloré	Färgad
Court	Kort
Doux	Mjuk
Épais	Tjock
Frisé	Lockigt
Gris	Grå
Long	Lång
Marron	Brun
Mince	Tunn
Noir	Svart
Ondulé	Vågig
Sain	Friska
Sec	Torr
Tressé	Flätad

Univers

Universum

Astéroïde	Asteroid
Astronome	Astronom
Astronomie	Astronomi
Atmosphère	Atmosfär
Ciel	Himmel
Cosmique	Kosmisk
Équateur	Ekvator
Galaxie	Galax
Hémisphère	Halvklot
Horizon	Horisont
Latitude	Breddgrad
Longitude	Longitud
Lune	Måne
Obscurité	Mörker
Orbite	Omloppsbana
Solaire	Sol
Solstice	Solstånd
Télescope	Teleskop
Visible	Synlig
Zodiaque	Djurkretsen

Vacances #2

Semester # 2

Aéroport	Flygplats
Camping	Camping
Carte	Karta
Destination	Destination
Étranger	Utlänning
Hôtel	Hotell
Île	Ö
Loisir	Fritid
Mer	Hav
Passeport	Pass
Plage	Strand
Restaurant	Restaurang
Réservations	Reservationer
Taxi	Taxi
Tente	Tält
Train	Tåg
Transport	Transport
Vacances	Semester
Visa	Visum
Voyage	Resa

Vertus #1
Dygder #1

Artistique	Konstnärlig
Bon	Bra
Charmant	Charmig
Confiant	Säker
Curieux	Nyfiken
Décisif	Avgörande
Drôle	Rolig
Efficace	Effektiv
Fiable	Pålitlig
Généreux	Generös
Imaginatif	Fantasifull
Indépendant	Oberoende
Intelligent	Intelligent
Modeste	Blygsam
Passionné	Passionerad
Patient	Patient
Pratique	Praktisk
Propre	Ren
Sage	Klok
Utile	Hjälpsam

Véhicules
Fordon

Ambulance	Ambulans
Avion	Flygplan
Bateau	Båt
Bus	Buss
Camion	Lastbil
Caravane	Husvagn
Ferry	Färja
Fusée	Raket
Hélicoptère	Helikopter
Métro	Tunnelbana
Moteur	Motor
Navette	Skyttel
Pneus	Däck
Radeau	Flotte
Scooter	Skoter
Sous-Marin	Ubåt
Taxi	Taxi
Tracteur	Traktor
Vélo	Cykel
Voiture	Bil

Vêtements
Kläder

Bracelet	Armband
Ceinture	Bälte
Chapeau	Hatt
Chaussure	Sko
Chemise	Skjorta
Chemisier	Blus
Collier	Halsband
Foulard	Halsduk
Gants	Handskar
Jeans	Jeans
Jupe	Kjol
Manteau	Päls
Mode	Mode
Pantalon	Byxor
Pull	Tröja
Pyjama	Pyjamas
Robe	Klänning
Sandales	Sandaler
Tablier	Förkläde
Veste	Jacka

Ville
Staden

Aéroport	Flygplats
Banque	Bank
Bibliothèque	Bibliotek
Boulangerie	Bageri
Cinéma	Bio
Clinique	Klinik
École	Skola
Galerie	Galleri
Hôtel	Hotell
Librairie	Bokhandel
Marché	Marknad
Musée	Museum
Pharmacie	Apotek
Restaurant	Restaurang
Salon	Salong
Stade	Stadion
Supermarché	Mataffär
Théâtre	Teater
Université	Universitet
Zoo	Zoo

Félicitations

Vous avez réussi !

Nous espérons que vous avez apprécié ce livre autant que nous avons pris plaisir à le concevoir. Nous faisons de notre mieux pour créer des livres de la meilleure qualité possible.
Cette édition est conçue pour permettre un apprentissage intelligent et de qualité en se divertissant !

Vous avez aimé ce livre ?

Une Simple Demande

Nos livres existent grâce aux avis que vous publiez. Pourriez-vous nous aider en laissant un avis maintenant ?

Voici un lien rapide qui vous mènera à votre page d'évaluation de vos commandes :

BestBooksActivity.com/Avis50

CHALLENGE FINAL !

Défi n°1

Êtes-vous prêt pour votre jeu bonus ? Nous les utilisons tout le temps mais ils ne sont pas si faciles à trouver. Voici les **Synonymes** !

Notez 5 mots que vous avez trouvés dans les puzzles notés ci-dessous (n°21, n°36, n°76) et essayez de trouver 2 synonymes pour chaque mot.

Notez 5 Mots du ***Puzzle 21***

Mots	Synonyme 1	Synonyme 2

Notez 5 Mots du ***Puzzle 36***

Mots	Synonyme 1	Synonyme 2

Notez 5 Mots du ***Puzzle 76***

Mots	Synonyme 1	Synonyme 2

Défi n°2

Maintenant que vous vous êtes échauffé, notez 5 mots que vous avez découverts dans les Puzzles n° 9, n° 17, n° 25 et essayez de trouver 2 antonymes pour chaque mot. Combien pouvez-vous en trouver en 20 minutes ?

Notez 5 Mots du ***Puzzle 9***

Mots	Antonyme 1	Antonyme 2

Notez 5 Mots du ***Puzzle 17***

Mots	Antonyme 1	Antonyme 2

Notez 5 Mots du ***Puzzle 25***

Mots	Antonyme 1	Antonyme 2

Défi n°3

Formidable ! Ce défi final  n'est rien pour vous.

Prêt pour le dernier défi ? Choisissez 10 mots que vous avez découverts parmi les différents puzzles et notez-les ci-dessous.

1.	6.
2.	7.
3.	8.
4.	9.
5.	10.

Maintenant, composez un texte en pensant à une personne, un animal ou un lieu que vous aimez !

Astuce: Vous pouvez utiliser la dernière page de ce livre comme brouillon !

Votre Composition :

CARNET DE NOTES :

À TRÈS BIENTÔT !

Toute l'équipe

www.ingramcontent.com/pod-product-compliance
Lightning Source LLC
Chambersburg PA
CBHW082209120626
46553CB00010B/3078
* 9 7 9 8 8 9 6 7 0 7 1 9 6 *